亚非研究

苏莹莹　主编

第**19**辑

外语教学与研究出版社
北 京

图书在版编目 (CIP) 数据

亚非研究. 第 19 辑 / 苏莹莹主编. —— 北京：外语教学与研究出版社，
2023.6
ISBN 978-7-5213-4710-4

I . ①亚… II . ①苏… III . ①亚洲－研究－丛刊②非洲－研究－丛刊
IV . ①D73-55②D74-55

中国国家版本馆 CIP 数据核字 (2023) 第 137900 号

出 版 人　王　芳
责任编辑　蔡　喆
责任校对　孙凤兰
封面设计　覃一彪　曹志远
出版发行　外语教学与研究出版社
社　　址　北京市西三环北路 19 号（100089）
网　　址　https://www.fltrp.com
印　　刷　北京捷迅佳彩印刷有限公司
开　　本　710×1000　1/16
印　　张　13
版　　次　2023 年 6 月第 1 版　2023 年 6 月第 1 次印刷
书　　号　ISBN 978-7-5213-4710-4
定　　价　69.00 元

如有图书采购需求，图书内容或印刷装订等问题，侵权、盗版书籍等线索，请拨打以下电话或关注官方服务号：
客服电话：400 898 7008
官方服务号：微信搜索并关注公众号"外研社官方服务号"
外研社购书网址：https://fltrp.tmall.com

物料号：347100001

目　录

文学研究

Contents

Literary Studies

"一带一路"文化交流专栏

第一部分　文化交流史

后疫情时代打造中阿命运共同体的基本思路和具体策略

丁工

内容提要：新冠感染疫情发生初期，正值中方抗击疫情最困难的时刻，阿拉伯国家和人民给予中方大力支持。中国对此铭记在心、深表感谢。当中国疫情防控取得阶段性成效、阿拉伯国家发生疫情之后，中国政府和人民又在第一时间伸出援手，对阿拉伯国家的抗疫斗争给予倾力支持。灾难面前，中阿联手抗疫所展现出的担当精神与责任意识，赢得了世界各国人民的尊重与赞誉，成为国际团结抗疫合作的标杆和典范。未来，中阿还应该加强宏观经济政策协调和配合，在促进经济复苏上继续精诚团结、携手合作，按照合理分工、优势互补的总体思路，帮助阿拉伯国家提升现代农业、装备制造、轻工纺织、通信等方面的实力和水平，共同为国际社会共克时艰、共谋发展、共渡难关提供智慧和力量。

关 键 词：中国—阿拉伯国家合作论坛；新冠感染；"一带一路"倡议；公共卫生；中国特色大国外交

作者简介：丁工，中国社会科学院亚太与全球战略研究院助理研究员，主要从事中国外交、中东问题的研究。

基金项目：本文系中国社会科学院"登峰战略"重点学科（2017DFZDQQY02）和创新工程"中国周边外交战略"项目（2020QQYB05）的阶段性研究成果。

新冠感染疫情暴发后，中国和阿拉伯国家团结合作、借力给力、携手共进，共同表达了坚定支持世卫组织在全球抗疫中发挥领导作用的立场，共同维护和保障全球产业链、供应链稳定，共同促进各自国内经济恢复和世界经济复苏，为全球公共卫生安全和世界各国抗击疫情做出了巨大贡献，也为复杂变化的世界注入更多确定性、稳定性和正能量（唐志超，2020）。因此，肆虐全球的新冠感染疫情在一定意义上强化了中阿的合作精神和团结意识，为进一步夯实双边合作基础提供了有利契机，也推动了今后一段时期中阿关系发展和双边合作继续前进。党的二十大报告指出，"我们要全面推进中国特色大国外交，致力于推动构建人类命运共同体"，并将推动构建人类命运共同体明确为"中国式现代化的本质要求"，[1] 进一步阐明了新形势下构建人类命运共同体的时代意义、精神实质和实现路径。作为人类命运共同体的重要组成部分，构建中阿命运共同体不仅为解决人类面临的共同问题做出贡献，也推动人类命运共同体形成多层次、宽领域、立体化的构架。2022 年 12 月 7—10 日，中国国家主席习近平出席了首届中国—阿拉伯国家峰会、中国—海湾阿拉伯国家合作委员会峰会并对沙特进行国事访问。习近平主席此访既是一次深化互信之旅，也是一次拓展合作之行。同时，伴随着习近平主席出访取得的巨大成功，意味着中国与阿拉伯国家即将开启和书写了友好往来的新乐章。后疫情时代，中阿之间将充分发挥领导人会晤的引领作用，以构建命运共同体为行动指南，在统筹疫情防控和经济社会发展工作的前提下，一手抓疫情防控、一手抓经济发展，继续依托中阿合作论坛和"一带一路"平台机制，推动以传统友谊为底色、以共谋发展为目标的中阿战略伙伴关系迈上新台阶。

一、新冠疫情深化中阿传统友谊和命运共同体意识

在抗击疫情的关键时刻，中国得到了阿拉伯兄弟的率先驰援。沙特国王是第一个致电习近平主席支持中国抗疫的外国元首，阿拉伯卫生部长理

---

[1] 中国共产党新闻网，2022. 习近平：高举中国特色社会主义伟大旗帜 为全面建设社会主义现代化国家而团结奋斗——在中国共产党第二十次全国代表大会上的报告 [EB/OL]. http://cpc.people.com.cn/20th/n1/2022/1025/c448334-32551580.html（读取日期：2023 年 3 月 1 日）.

事会第五十三次会议发表声明支持中国抗疫努力，阿联酋是第一个接受中国疫苗境外 III 期试验的国家，阿盟成员国还向中国捐赠口罩约 1,000 万只，手套近 320 万双，防护服 10 万套，护目镜 6.5 万个，以帮助中国开展新冠感染疫情的防控和救治（王广大，2020）。当阿拉伯国家受到疫情冲击之际，中国政府和人民也感同身受，投桃报李、及时伸出援手，同阿拉伯国家的人民坚定站在一起。在自身疫情防控任务依然艰巨的情况下，中国仍尽己所能向阿拉伯国家提供各种形式的支持和帮助，充分利用在发现病例，接触者、患者护理和管理，准备和筹建专科医院，以及感染预防、控制、应对和个人防护设备使用等方面具有丰富实战经验的优势，毫无保留地传授中方经验技术和医疗资源，向包括阿拉伯国家在内世界多国派遣医护专家、提供紧急援助医用防疫物资和医疗设备（龚鸣 等，2020）。同时，中国积极发挥最大医疗物资生产国的便利条件，向包括阿拉伯国家在内世界各国提供了 2,200 多亿只口罩、23 亿件防护服、10 亿份检测试剂盒，向 17 个阿拉伯国家及阿盟援助和出口 7,200 多万剂疫苗，为阿拉伯国家战胜疫情做出了重要贡献。

虽然作为全球最大的发展中国家，中国在医疗卫生保障方面还存在短板和死角，但总体上中国医疗卫生事业取得了巨大成绩。从本次应对新冠疫情的表现看，中国在医疗卫生、疾控、传染病预防等领域已形成较为雄厚的实力积累和技术底蕴，已经整体进入到全球医疗卫生事业发展水平的中高端层次（王义桅，2020）。相比之下，阿拉伯国家整体公共卫生体系落后，医疗资源分配还不均衡的情况仍然比较突出，一些地区面对不期而遇的疫情甚至还出现进退失措、放任不管的状况，即使经济富裕的阿拉伯国家也存在民生医疗发展略显滞后的问题。特别是部分阿拉伯国家公共卫生和防疫救治体系本就极其脆弱，再加上内部战乱或地区冲突使得这些国家更无心也无力组织调动充足力量应对疫情，从而进一步加剧病毒蔓延扩散的风险和推升实地抗疫的难度。在疫情防控取得阶段性成效之后，中国针对阿拉伯国家个体差异和群体共性并存，全民医疗资源分配和卫生事业发展水平极不均衡的特点，充分考虑阿拉伯各国不同国情和发展阶段，结合本次中国在抗击疫情中的心得体会和经验教训，积极发挥在突发公共卫生事件的预防控制和医疗卫生救援方面积累的领先优势，就如何帮助阿方战胜疫情、减少疫情对经济社会民生就业产生的冲击和影响，以及建立公共卫生重大风险防控治理体系现代化等议题进行了深入交流探讨，并在阿方最急需的时候提供了切实可行的支援和帮扶措施（Gassem，2020）。事实上，发展中国家的国情决定中国相比发达国家更了解发展中国家公共卫生的现实需求，更清楚应该在哪些领域和方向对发展中国家进行援助和扶持，从而为阿拉伯国家战胜疫情、恢复生产提供强大的实质助力。

在这场抗击疫情的伟大斗争中，经历风雨淬炼的中阿伙伴关系愈发稳健成熟，为迈向更高水平和更深层次打下扎实的基础（王毅，2020）。2020年，中阿之间的经贸合作不仅没有因为疫情冲击萎缩，而且继续表现出强大的韧性与活力，全年双边贸易额达到 2,400 亿美元，对阿拉伯国家出口1,231 亿美元，仍实现同比 2.2% 的增长，中国继续稳居阿拉伯国家第一大贸易伙伴国地位。从某种意义上说，本次疫情充分诠释了中阿伙伴重情义、有定力、讲原则、敢担当的精神内涵和基本属性，成为推升中阿关系更加紧密的"粘合剂"和推动合作层次提档升级的"加速器"（丁工，2020）。通过在共同抗疫行动中开展信息共享、经验交流、技术合作、政策协同，既极大地提升和增进了中国与大多数阿拉伯国家的友好关系，也进一步强化了中国和阿盟互为发展机遇、互不构成威胁、互不敌视对方的基本看法和整体认知。特别是，疫情对中阿加强命运共同体理念认同起到正向激励和积极促进作用，成为助力中阿携手构建"命运共同体"的新"催化剂"。[1]

现今，逆全球化思潮抬头，单边主义、保护主义明显上升，世界经济复苏乏力，局部冲突和动荡频发，世界进入新的动荡变革期。在这种形势下，以习近平同志为核心的中国新一届领导层，推出以合力建设"人类命运共同体"为奋斗目标和最终归宿来破解各种难题的设想。2011 年 9 月，最新出版的《中国的和平发展》白皮书指出："经济全球化成为影响国际关系的重要趋势，不同制度、不同类型、不同发展阶段的国家相互依存、利益交融，逐渐形成你中有我、我中有你的命运共同体。"（陈须隆，2016）2013

---

[1] 人民网，2020. 携手抗疫 并肩同行——抗击疫情离不开命运共同体意识 [EB/OL]. http://opinion.people.com.cn/n1/2020/0624/c1003-31757511.html（读取日期：2022 年 4 月 20 日）.

年 3 月,习近平主席在莫斯科国际关系学院发表演讲,第一次向世界传递对人类文明走向的中国判断:"这个世界各国相互联系、相互依存的程度空前加深,人类生活在同一个地球村里,生活在历史和现实交汇的同一个时空里,越来越成为'你中有我、我中有你'的命运共同体"。[1] 这不仅是中国最高领导人第一次在国际公开场合向世界宣讲和推介命运共同体的倡议,也是中国政府头一回将人类未来发展和世界前途命运完整联系起来。其后,在 2017 年 10 月召开的中共十九大上,习近平主席强调指出,"世界命运握在各国人民手中,人类前途系于各国人民的抉择。中国人民愿同各国人民一道,推动人类命运共同体建设,共同创造人类的美好未来"(习近平,2017),进一步对人类命运共同体的内涵意境进行了系统化的引申归纳和演绎推理。自此以后,人类命运共同体理念实现了党的意志与国家法律、人民共识的融通对接,全面上升为指导中国特色大国外交工作的强大思想武器和重要理论索引。就在构建人类命运共同体成为中国特色大国外交的根本遵循和行动指南之时,该理念还被相继写入中非合作论坛北京峰会、上合组织青岛峰会、中阿合作论坛部长级会议以及诸多双多边高层交往的成果文件,2018 年 2 月甚至载入了联合国社会发展委员会和安全理事会两份决议内容清单,在国际社会和世界各国中得到了广泛认同与积极响应。

毫无疑问,紧迫的全球治理将促成人类命运共同体意识,构建人类命运共同体则是破解、克服上述弊端的基本手段和重要途径。重大传染性疾病是全人类的共同敌人,疫情肆虐给各个国家带来的共同挑战和威胁,也在相当程度上凸显、印证了构建人类命运共同体的必要性和紧迫性,使这一理念更具现实意义、更加深入人心(颜旭,2020)。而作为人类命运共同体的重要组成部分,中阿命运共同体正是建立在双方对人类共同体内涵机理认同和接受的基础之上,是中国与阿拉伯国家利益有机结合、深度融合的产物,能够为最终实现"人类命运共同体"打开道路、积累条件。新冠感染疫情严重冲击阿拉伯国家的经济发展,联合国甚至预测病毒爆发以及由

---

[1] 中国共产党新闻网,2013. 习近平:顺应时代前进潮流 促进世界和平发展——在莫斯科国际关系学院的演讲 [EB/OL]. http://cpc.people.com.cn/n/2013/0324/c64094-20893328.html.(读取日期:2022 年 5 月 16 日).

此带来的油价暴跌，可能会使阿拉伯世界四分之一的人口陷入贫困。[1] 因此，未来中阿双方应将合作重点放在医疗健康和疫后经济恢复发展上，以产业链高级化、价值链现代化为主攻方向，加大对阿方实体产业的帮扶力度，扩大对阿方金融资助的受益范围。通过深度整合双方在产能、融资、基建及市场等多方面的资源要素，帮助阿拉伯国家解决当地就业和民生保障问题，提升其工业化的聚集度和附加值，最终形成以农业经济为基础、以先进制造业和现代服务业为主体的产业结构布局，真正赋予阿拉伯国家从容应对突发公共安全和可持续发展的能力。

二、后疫情时代打造中阿命运共同体的思路框架

一直以来，中国都高度重视阿拉伯世界在国家总体外交中的重要作用，始终将阿拉伯国家看作是互惠互利的好伙伴、同甘共苦的好兄弟。中阿关系所蕴含的经历相似、理念相近、利益相融的特点，赋予了双方携手同建人类命运共同体历史基础牢固和现实需要紧迫等诸多先天优势和良好条件。在本次共同抗击疫情的过程中，中阿进一步强化"人类社会不再是相互独立的行为体，而是相互依赖、紧密相连、存亡攸关的共同体"认识，不仅推动中阿传统友谊进一步实现了正向进阶和提质升级，也为双方通力建设利益高度融合基础上的共同体描绘出一幅清晰、系统和完整的蓝图。

其一，构建新型国际关系是中阿命运共同体的重要路径。2014 年 11 月，习近平主席在中央外事工作会议上强调，"不能身体已进入 21 世纪，而脑袋还停留在冷战思维、零和博弈老框框内，要跟上时代前进步伐，着眼于新形势新任务，积极推动对外工作理论和实践创新，推动建立以合作共赢为核心的新型国际关系"。[2] 这一新概念随之开始频繁出现在中国政治语汇和外交实践之中，成为指导和处理中国外交事务的常用语和热门词。通常而言，近代以来的国际关系理论主要是由西方国家主导构建，以无政府状态

---

[1] 资料来源于 VICE 网站（读取日期：2022 年 4 月 26 日）。

[2] 中国政府网, 2014. 中央外事工作会议举行 习近平发表重要讲话 李克强主持 [EB/OL]. http://www.gov.cn/xinwen/2014-11/29/content_2784754.htm.（读取日期：2023 年 3 月 1 日）.

下的霸权体系或力量均势为特征，反映的是西方国家的利益诉求，也折射出其狭隘的价值观及国际行为的模式（王毅，2016）。正是在贯穿其中的"丛林法则""弱肉强食""强者为王""赢家通吃"理念推动下，实力、结盟、战争成为贯彻国家政策的工具，侵略扩张、殖民掠夺、大国欺负小国、强国霸凌弱国等各种不公平不公正现象，成为近代以来国际关系的基本内容（林利民，2017）。思想引领、理论先行。相比旧式的西方国际关系理论是以"权力均势"理论和零和博弈为核心，成为诱发国际矛盾和地区冲突，甚至大规模世界战争的催化剂。中国倡导的新型国际关系不搞封闭排外、孤芳自赏的"小圈子"，不打势力博弈、地缘争夺的"小算盘"，准确反映了义利相兼的精神要义和"讲信修睦"的核心真谛。中国倡导的"新型国际关系"以各国平等为原则，反对种族文化歧视和意识形态偏见，坚持推动构建公正、合理、透明的国际规则体系，从根本上摒弃旧式国际关系中以大欺小、以强凌弱、以富压贫的强权行径，超越社会制度、文化传统和意识形态的认知差异。从实践上讲，它是对过去400年基于资本主义均势原理和权力政治为核心内容的国际关系，和以意识形态阵营对峙、冷战思维等为重要特征的两极体系国际关系格局的突破；从理论上讲，它体现了以中国为代表的新兴经济体和广大发展中国家对于新时代国际关系的期待（郭树勇，2018）。

由此可以看出，推动建设相互尊重、公平正义、合作共赢的新型国际关系，顺应了开放融合的历史潮流，顺应了各国人民谋求发展的强烈愿望，顺应了世界上绝大多数国家寻求伙伴关系的基本需要，反映了全人类携手合作的普遍愿望和共同心声，与打造人类命运共同体的设想息息相通、一脉相承，也是通往人类命运共同体的基本路径。2015年9月，习近平主席在访美前夕接受美国主流媒体《华尔街日报》书面采访时表示，中国愿同广大成员国一道，"推动建设以合作共赢为核心的新型国际关系，完善全球治理结构，共同构建人类命运共同体"。[1] 这就意味着，构建新型国际关系可以为实现中阿命运共同体凝聚起友好合作的更大共识，打造中阿命运共同体自然也需要以构建"新型国际关系"为实践基石。事实上，中阿在反对帝

---

[1] 人民网，2018. 新型国际关系"新"在哪里 [EB/OL]. http://theory.people.com.cn/GB/n1/2018/0416/c40531-29927502.html（读取日期：2022年4月15日）.

国主义和新老殖民主义的共同斗争中曾相互支持、彼此援助，在反对各种"文明冲突论"和"文明优越论"，在反对将恐怖主义和极端思想同特定民族宗教挂钩的问题上都形成过战略共识。因此，中阿没有历史感情瓜葛和现实利害冲突的特点，对于双方推动建立合作共赢、和谐共生的"新型国际关系"，具有历史基础牢固和现实需要紧迫等诸多先天优势和良好条件。

其二，高质量共建"一带一路"是构建中阿命运共同体的主要抓手和工作重点。"一带一路"倡议是新时代中国扩大开放的标志性举措，既是进一步促进中国构建对外开放新格局的方式渠道，也是帮助沿线及相关国家提高经济发展质量和增长效益的功能载体，已经成为当今世界最受欢迎的公共产品和最大规模的合作平台（李绍先，2018）。从这个意义上说，"一带一路"是一条通往人类命运共同体之路，承载着中国对建设美好世界的崇高理想与不懈追求，凝聚着阿拉伯国家及世界各国人民对过上幸福生活的心愿渴求。事实上，阿拉伯国家所处中东地区又是"丝绸之路经济带"和"21世纪海上丝绸之路"的西端交汇点，也是中国倡导并推动"一带一路"建设的重点地区，故而对共建"一带一路"倡议具有非常重要的战略意义（丁工，2018）。中国与阿拉伯国家的交往渊源久远，早在2000多年前的西汉时期，就开辟了通往中、西亚的陆上"丝绸之路"，稍晚又开通了海上"香料之道"（王铁铮，2018）。现在，中阿同是有着深厚历史和文化积淀的新兴发展中国家，又都进入各自国家发展的重要阶段，从而使得双方对共建"一带一路"的共识愈发契合。

截至目前，已经有19个阿拉伯国家[1]与中国签署"一带一路"合作倡议的政策文件，2018年7月中阿双方还签订了合作共建"一带一路"的行动宣言（商务部，2019）。近年，在"一带一路"倡议推动下，双方在文化、科技、旅游、农业、经贸等多个领域的务实合作和人员往来不断增多，不仅促进了彼此之间商品技术、文化思想的交流互鉴，也带来了实体器物和知识观念的创新发展。更重要的是，"一带一路"建设对促进阿拉伯国家的经济社会发展、推动工业化进程和产业升级、深化经贸合作发挥了积极作

---

[1] 2022年1月，叙利亚签署"一带一路"合作谅解备忘录，成为第20个加入"一带一路"大家庭的阿盟成员。

用，也正是借助"一带一路"国际合作高峰论坛的有利因素，中国农业部与埃及农业和土地改良部共同行动计划、国家发改委与阿联酋经济部关于加强产能与投资合作的框架协议等一系列标杆性合作项目的签署才得以成功实现。因此，中国和阿拉伯国家依托"一带一路"平台进行深度合作，不仅有助于提高阿拉伯国家产业链、供应链的现代化水平，也是合力推动构建人类命运共同体的运作载体和有效抓手。

其三，加强中阿合作论坛机制化建设，在推进政治、经济、社会、文化、生态等多领域交流合作的基础上，探索中阿合作论坛主打政治安全议题和制度框架设计、"一带一路"倾向经济社会发展的搭配模式。中阿合作论坛既是中国同阿拉伯国家开展集体对话的组织载体和实体机制，也是探索和推进南南务实合作的有效平台，不仅能够保障发展中国家发展利益和政策空间，还进一步发扬光大了中国与广大发展中国家历史形成的友好关系和优良传统。自 2004 年建立以来，中阿合作论坛取得了丰硕的成果，在深化中阿传统友谊、搭建对话平台、推进互利合作方面发挥了重要作用，并有效提升地区国家的基础设施建设和互联互通水平，已经成为中国和阿拉伯国家之间进行宽领域、多层次、立体化合作的重要平台和有效机制。尤其是在 2020 年 7 月中阿合作论坛第九届部长级会议上，还首次在成果文件里写入"携手打造中阿命运共同体"的内容，从而为中国和阿拉伯国家关系发展开辟了新的前景。

但细加梳理又不难发现，中阿多边合作在实践中也暴露出明显的缺陷。到目前为止，中阿之间论坛、大会无数，却无太多跨国界的、实质性的经济、安全合作成果，这本应是多边合作的重头戏，而成功的经济、安全合作项目则主要发生在双边之间。相比之下，中国与阿拉伯国家的多边外交成效、档次、地位和影响，远不如中国与其他地区国家共建的集体合作机制。像中国—东盟领导人会议、中国—中东欧国家"17+1"领导人会晤、中非合作论坛、上海合作组织等均已实现国家元首或政府首脑层级峰会，而中阿合作论坛还仅是停留在部长级别，并且合作成果、整体黏性、国际影响力明显也弱于其他多边机制（牛新春，2018）。鉴于中阿合作论坛存在着象征意义大过实质内容，主要活动基本是以双边形式展开，而在一对一面对中国时国家利益的差异、各国根深蒂固的国内政治，导致协调 22 个阿拉伯国家困难，以及制度化程度尚低，论坛仅在部长级而非国家元首或者政府首脑层面举行等问题（孙德刚 等，2016）。在 2020 年 7 月第九届中阿合作论坛部长级会议上，双方同意适时召开中阿峰会，并商定交由沙特主办该项会议。[1] 但是，对于中阿合作论坛中暴露出来的弊端和欠缺之处，中国仍然需要引起足够重视并加以改进，应该继续推进中阿合作论坛的机制建设，沿着丰富和提升合作层次、内涵的方向努力。

另外，中阿合作论坛机制日臻成熟和"一带一路"倡议成为深化中阿合作的新动力，两大机制都起到中国与阿拉伯国家集体对话与合作平台的作用，因而两者在一定程度和范围内构成交叉重叠关系。如何统筹协调好两大合作机制，以防止出现重复建设、同质发展和对冲竞争，促进现有发展合作机制协同增效，不仅关系到中阿合作论坛与"一带一路"的实际效力，也直接影响中阿推进新时代战略伙伴关系和携手构建命运共同体的进度。因此，中国要合理配置"一带一路"与中阿合作论坛两个平台的资源，可以考虑让中阿合作论坛偏重政治安全和战略外交议题，而由"一带一路"更多承担经济和社会发展事项，促使两者形成既分工协作又同向发力的格局，从而能够更好地服务于双方的共同利益和合作需求。一方面，中国和阿拉伯国家互为可信赖、可倚重的合作伙伴，双方始终坚持互不构成威胁、互为发展机遇的战略认识和关系定位。阿拉伯世界是中国维护能源安全、海洋通道安全，以及防范和打击"三股势力"的重要战略伙伴（刘中民，2014）。另一方面，中阿具有广泛的共同利益和相似的发展目标，双方都坚持多边主义、开放经济和自由贸易，都主张推动全球经济治理改革，以此拓展和维护发展中国家的正当权益。中国和阿拉伯国家在地区、国际问题上相同或相近的观点立场和达成的普遍共识，为中阿合作论坛聚焦政治安全议题、顺利开展战略对话奠定了坚实基础和前提条件。

---

[1] 外交部网站，2015. 中阿合作论坛举行第九届部长级会议，2020 年 7 月 6 日 [EB/OL]. https://www.mfa.gov.cn/web/wjbzhd/202007/t20200706_361092.shtml（读取日期：2022 年 6 月 20 日）.

三、后疫情时代打造中阿命运共同体的实施策略

事实上，习近平主席在参加中阿、中海、中沙领导人"三环峰会"活动时多次强调，中华文明和阿拉伯文明虽然各成体系、各具特色，但都重视中道平和、忠恕宽容、自我约束等价值理念。讲信义、重情义、扬正义、树道义自古以来便是中国人民尊崇的道德守则，阿拉伯国家也崇尚"独行快、众行远"的处事原则。自 20 世纪 50 年代以来，阿拉伯国家坚定支持中国维护主权和领土完整，明确反对宗教极端势力、民族分裂势力和暴力恐怖势力从事的反华分裂活动，在台湾、涉疆、涉港、人权等涉及中国核心利益和重大关切的问题上，阿拉伯国家始终给予中方坚定有力的支持。同时，中国对内奉行服务国家发展、促进民族复兴，对外奉行和平共处五项原则，在中东事务上始终奉行不干涉别国内政、不附带政治条款、不谋取地区霸权、不划设势力范围的政策，一贯秉承尊重、理解、支持阿拉伯国家自主探索符合自身国情的政治制度和发展道路的做法，也为阿拉伯国家独立自主参与国际活动和外交事务提供了更为有利的环境和条件，赢得了阿拉伯国家和阿拉伯人民的信任。不管是防控疫情还是促进疫后经济复苏，中阿仍需在积极优化组织指挥流程、健全应急处置体系等方面加强合作。对此，习近平主席提出中阿一道推进"八大共同行动"，对新时代中阿关系发展做出了顶层设计，为中阿命运共同体建设规划了前进路径。具体来说，中国和阿拉伯国家应当做到以下三点。

第一，以帮助阿拉伯国家具备自主永续发展能力为基准导向，推动由贸易投资和能源结构转型建设为主轴的产能对接合作（李伟建，2018）。阿拉伯国家所在的中东地区是石油和天然气的富集区，石油储量占世界总储量的 67%，仅波斯湾地区就拥有全球 43% 的天然气储量，绝大多数阿拉伯国家（沙特、伊拉克、科威特、阿联酋、卡塔尔、阿曼、也门、叙利亚、利比亚、阿尔及利亚、埃及、苏丹、突尼斯、巴林等 14 国）都是世界油气生产国家。其中，阿联酋、伊拉克、阿尔及利亚、利比亚、卡塔尔[1]、沙

---

[1] 卡塔尔于 2019 年 1 月正式退出石油输出国组织欧佩克。

特、科威特还是欧佩克（OPEC）的核心成员。因此，石油和天然气一直是许多能源资源充裕的阿拉伯国家国民经济的支柱产业，也是外汇收入和财政来源的主体，几乎成为国家经济增长和社会繁荣的唯一重要基础和投入要素，从而形成了阿拉伯世界独特的产业和经济结构（吴磊 等，2017）。但过度发展能源经济也给阿拉伯产油国带来传统产业比重过大、能源经济结构偏高导致产业链不完整，经济发展严重依赖资源出口，经济增速时常随国际油价的涨跌起伏而波动摇摆的问题。对此，阿拉伯国家也有深刻的危机意识，正通过引资引智融入全球价值链的国际分工体系，并试图采用多种政策工具大幅削减对能源产业的过度依赖。即使部分非能源型的阿拉伯国家，也希望推动以重化工业和科技创新为主导的供应链、价值链、产业链重塑。

能源合作一直都是中阿双边经贸关系的"润滑剂"和"重头戏"。自20世纪90年代中期起，中国就成为阿拉伯国家原油的主要出口方，中东石油还长期保持在中国进口总量50%左右的水平（谭秀杰 等，2018）。与此同时，美国对中东能源需求持续减弱，2019年更是首次成为石油净出口国和全球最大产油国。中国对石油的需求驱使它向西转，推动了与阿拉伯世界贸易成倍增长；而阿拉伯国家则因为美国进口原油进入快速下滑轨道而转向东方。2009年中国更是超越美国成为中东最大的进口商品来源国（牛新春，2017）。目前，中国已经成为阿拉伯国家的第二大贸易伙伴，阿拉伯国家则是中国最大原油进口来源地、重要的承包工程市场和双向投资伙伴。2018年中阿贸易额达到2,443亿美元，2019年双边贸易额同比增长9%，以能源为主体的经贸合作已经成为中阿关系的坚强纽带。值得注意的是，中阿经济合作仍是低水平的数量扩张模式，双方均没有实质性参与到对方生产链上下游一体化的构建之中。由于一些阿拉伯国家产业链、供应链的发展具有对能源行业典型的"路径依赖"特征，某些方面经济创新能力低下、主体产业大多缺乏激励永续发展的内生机能（丁工，2022）。因此，中国的投资活动不应局限于能矿资源开发、石油和天然气炼化等传统能源领域，还应该注意加强对资源环境需要承载的负荷压力较小，有助于产业链条关联创新能力高端化、专业化的投资合作，达到以更多优质投资带动阿拉伯国家能源产业结构升级，提升对方原料出口制品的附加值，帮助东道国拉高实体产业在经济发展中占比权重的目标。总体来说，中国在新能源新材料、高端化工、循环经济、智能终端等领域已经具备较强的创新发展能力，中阿合作可以实现从传统的能源行业向基础设施、信息通信、航空航天等领域拓展延伸，双方通过"一带一路"技术转移与产能对接合作，有助于中国发挥新兴科技优势，帮助阿拉伯国家改造传统石化产业，建立起以"大数据"为驱动、以"云技术"为支撑，能够帮助阿拉伯国家建立起产业链条完整、功能配套齐全的能源工业集群，进而实现能源产业结构向价值链的高端攀升，提高阿拉伯国家的综合可持续发展能力（吴富贵，2020）。

第二，推动以基础设施合作为龙头，以检验检疫、认证认可、标准计量和人文交流为主干"软硬共存"的互联互通建设。"道路通，百业兴。"基础设施是国民经济发展繁荣的关键动力和先导要素，也是促进世界经济联通和交往的客观要求，在推动可持续发展和包容性增长中起着不可替代的支撑和保障作用。现如今，绝大多数中东国家正处于工业化、城镇化的初期阶段，对基础设施建设和工业技术发展有着强烈需求。而中国则已建立起全方位工程总包式的基建产业链，拥有强大的工程咨询、设计、施工、监理和项目管理能力，形成相对稳定的客户群体和市场份额。中国和阿拉伯国家基建领域存在的供需关系，决定了双方在开展基建合作方面拥有巨大的互补优势、潜力市场和耦合效应。虽然"一带一路"前期成果已经推动了沿线阿拉伯国家互联互通水平的稳步提升，但距离有效满足阿拉伯国家的实际需求还存在很大的空间缺口（魏敏，2017）。因此，中阿按照发挥优势、突出重点、强化特色的合作原则，以形成油气兼备、海陆并用的产业循环配套体系为目标导向推进互联互通建设，促使阿拉伯国家能够起到"港通四海、陆联八方"的辐射作用和资源集聚的平台效能。

另外，推动"一带一路"互联互通建设，既包括交通运输、能源管网、通信基站、农田水利等基础设施的"硬联通"，也涵盖技术标准、检验、计量、知识产权、质量认证以及广播电视、新闻出版、人员往来和社会民意等方面的"软联通"（王猛，2018）。在"一带一路"框架内扎实推进中国与阿拉伯国家政策制度、人文交流和规则标准的"软联通"，既能够有助于提升经贸投资合作水平，统筹做好国际产能合作，增添共同发展新动力，也有利于中阿加强相互了解、增进彼此感情，为双方共建"一带一路"打造理想优良的社会环境。比如，标准作为国际贸易和投资活动的重要规则，对于实现贸易畅通必不可少（刘春卉 等，2016）。在开展和促进中阿经贸合作与交流的活动中，加强以政策和规则标准对接为重要内容的"软联通"，有助于精简海关和过境手续，推进国际贸易单一窗口建设，从而减少技术壁垒限制和降低交易成本，为加速实现"硬联通"起到积极的支撑和促进作用（姜英梅，2020）。

再如，推进"一带一路"建设既少不了产能合作、设施联通的"硬"支撑，也离不开人文交流和公共外交的"软"助力。可见，中阿共建"一带一路"不仅需要官方的政策支持，更需要双方普通民众的认可和接受（包澄章，2019）。人文交流作为"一带一路"框架下推动"民心相通"建设的重要内容，有力地促进了中国与"一带一路"共建国家的情感联络和民意交流，为双方增进政治互信与发展经贸合作提供了源源不断的精神滋养。当前，"一带一路"倡议的提出为中阿拓展人文交流的主体、形式、手段和内容提供了新动力，推动中阿人文交流进入提速换挡、加速发展的新时代。[1]中阿通过开展高端对话、主题讲座、文明体验、学术研讨等人文交流的系列活动，拓展、扩宽了国际人文交流的合作空间和范围，不仅为基础设施建设的"硬联通"营造良好的民意支撑和社会环境，还能为质检、政策规划、版权、技术专利、公益服务等标准规范对接的"软联通"搭建坚实宽广的平台和渠道，也有利于形成以"硬联通"为表征的外向张力与以"软联通"为特质的内聚拉力相互融合、相互促进的局面。

第三，联合阿拉伯国家开展"第三方市场合作"，达到中国、阿拉伯世界参与国和项目所在国或东道国多方共赢、共同受益的目标。"第三方市场"合作的原初构想是为了推动中国与"一带一路"沿线国家之间优势产业、先进技术、资金支持的相互对接和优化配置，从而实现"1+1+1>3"的互利合作、多方共赢目标。对此，中国可以探索联合阿拉伯国家对非洲进

---

[1] 资料来源于 Linkedin 网站（读取日期：2022 年 5 月 8 日）。

行"第三方市场"合作，这既是基于阿拉伯国家地处欧、亚、非三大洲结合部的独特位置境域、充分利用阿拉伯国家地理优势开拓非洲市场的考虑，又能起到分摊投资风险、减少外部环境干扰的作用。例如，法国长期位列非洲第一大直接外资来源方，2014年对非洲的投资总额约183亿美元，但中国近年与非洲国家经贸合作的长足发展，一定程度上冲击了法国作为非洲经贸合作的传统联系国地位，引起法方对"一带一路"的不满、猜疑甚至是敌意。而如果联合阿拉伯国家在非洲开展"第三方市场"合作，不但更容易得到对方的信任和积极配合，还有助于减少或者排除非项目因素的干扰，为"三方"合作创造良好的国际环境和有利的外部条件。事实上，中国与阿拉伯国家具有很广阔的第三方贸易市场，部分阿拉伯国家很早就在海外布局贸易网络，在环印度洋、阿拉伯海沿岸很有影响力，中国可以利用部分阿拉伯国家的"贸易网络基地"实现共赢（戴晓琦，2018）。

此外，阿拉伯国家既有整体性、一元化的基因，也有多样化、差异性的特征。从政治体制看包括多党制、两党制甚至无党制国家；从经济发展程度讲，有的是较为富裕的产油国，如沙特阿拉伯、卡塔尔、阿联酋、科威特；有的是长期战乱不断、大量难民流离失所的动荡国，如伊拉克；还有的则是依然身处战火之中的热点国，如叙利亚、也门、利比亚。因此，这种多元一体、梯次并存的国情特点决定，"第三方市场"合作还适用于中国与阿拉伯国家合作内部。由于阿拉伯国家政治制度、经济发展程度的国情状况虽然有同质性，但更突出的是相异性。并且，阿拉伯世界各国对"一带一路"建设呼应和促进各国经济发展战略的力度和实际效果不同，这就给中国在阿拉伯国家之间开展"第三方市场"合作提供了机会和空间。诸如，沙特多元化发展战略与"一带一路"建设契合度比较高，沙特还是阿拉伯联盟和海湾合作委员会的核心成员。中国联合沙特对其他阿拉伯国家开展"第三方市场"合作，鼓励双方企业以组建联合体投标、联合生产以及联合投资方式参与第三国具体项目，既能够加强中沙两国的合作，还可以共同为第三国经济发展注入新动能。更重要的是，沙特在了解和运用其他阿拉伯国家的法律法规、合作惯例、商业原则方面具有先天优势，中国与沙特共同在"第三方市场"开展或加强合作，能够有效规避来自第三国的隐性壁垒和降低行政成本、磨合难度。沙特是阿拉伯世界的金融强国，国内多家银行在中东和阿拉伯国家中拥有成熟广泛的分支机构和业务网点体系。中国各大银行可以率先在沙特建立分支机构，并推动沙特国家银行建立人民币结算中心，推动贸易合作便利化和人民币国际化（高尚涛，2016）。其后，再以此为平台和支点向"第三方"阿拉伯国家进行业务的延伸拓展和推广应用，形成"由点及面""以点带面"的辐射和带动效应。

四、结语

人类历史上不乏各类公共卫生突发事件影响并重创一国运势，乃至在某种程度上改写人类社会和世界历史发展走向的情况。面对新冠感染疫情威胁，世界各国重新找到利益汇合点和发力点，人类社会也对健康安全、和平发展、合作共赢、命运与共的认知更加深刻，新冠感染疫情还令人类社会比任何时候都更加深切地体会并认识到打造命运共同体的重要性和必要性（何亚非，2020）。在此次疫情期间，中国与阿拉伯国家通过诊疗方案分享和经验技术交流，联合开展技术攻关、疫苗药品研发等多项合作，帮助阿拉伯国家增强疾病防治监控和新型药品研制能力，提高公共卫生和医疗服务水平，极大拉近了双方民众之间的情感距离，谱写了中阿传统友好的新篇章，并就构建"命运共同体"形成重要共识。疫情过后，中阿之间将以构建合作共赢的利益共同体和相互依存、休戚与共的命运共同体为目标指引，加强双方在执政党建设、经济结构改革、工业发展、农村振兴、本币结算等领域的深度合作，努力充实和自觉践行协同发展、互利共赢的理念，挖掘合作潜力、激发合作活力，进而为构建中阿和人类命运共同体提供支撑力和带动力。同时，伴随着习近平主席出访取得的巨大成功，意味着中国与阿拉伯国家即将开启并书写友好往来的新乐章。未来，中阿将充分发挥领导人会晤的引领作用，按照《中华人民共和国和阿拉伯国家全面合作规划纲要》和《深化面向和平与发展的中阿战略伙伴关系文件》的战略规划，促进双方关系不断迈上新台阶，并以元首峰会为契机推动构建面向新时代的中阿命运共同体迈出坚实步伐。

参考文献

GASSEM L B, 2020. How COVID-19 strengthened relations between China and Saudi Arabia[N]. ARAB NEWS, September 23.

包澄章，2019. 中国与阿拉伯国家人文交流的现状、基础及挑战 [J]. 阿拉伯世界研究，（1）：140-160.

陈须隆，2016. 人类命运共同体理论在习近平外交思想中的地位和意义 [J]. 当代世界，（7）：8-11.

戴晓琦，2018. 中国和阿拉伯国家之间的贸易分析 [J]. 阿拉伯研究论丛，（2）：3-20.

丁工，2018. 新时代中国与中东国家合作站在新起点 [J]. 中国远洋海运，（9）：22-23+8.

丁工，2020. 携手"抗疫"助力中阿迈向命运共同体 [J]. 中国发展观察，（19-20）：57-59.

唐志超，2020. 携手抗疫，共建中阿命运共同体 [N]. 光明日报，5-20.

丁工，2022. 一带一路推动构建中阿命运共同体 [N]. 中国社会科学报，4-14.

高尚涛，2016. 阿拉伯利益相关者与中国"一带一路"建设 [J]. 国际关系研究，（6）：59-77.

郭树勇，2018. 新型国际关系：世界秩序重构的中国方案 [J]. 公关世界，（5）：62-65.

何亚非，2020. 全世界必须认识到当今面临的最大威胁是什么 [J]. 中国报道，（Z2）：44-45.

姜英梅，2020. 中国对中东地区投资：疫情影响下的困难与前景 [J]. 国际经济合作，（3）：35-46.

李绍先，2018. "一带一路"视角下中东当前局势分析 [J]. 领导科学论坛，（12）：80-96.

李伟建，2018. 中阿战略伙伴关系：基础、现状与趋势 [J]. 西亚非洲，（4）：3-20.

林利民，2017. 推动构建新型国际关系 [N]. 解放军报，11-22.

刘春卉，张丹，于钢，孙宇宁，2016. 埃及技术法规标准体系及其特点 [J]. 标准中国，（11）：10-14.

刘中民，2014. 中阿合作论坛十年回顾 [J]. 社会观察，（9）：62-65.

牛新春，2017. "一带一路"下的中国中东战略 [J]. 外交评论，（4）：32-58.

牛新春，2018. 关于中阿合作机制的思考 [J]. 现代国际关系，（3）：41-48.

商务部，2019.18 个阿拉伯国家与中国签署共建"一带一路"合作文件 [N]. 人民日报海外版，7-12.

孙德刚，叶海亚·祖必，2016. 中国对阿拉伯国家的经济外交 [J]. 国外社会科学，（3）：155-157.

谭秀杰，邱健，李婧，盛宇涵，2018. "一带一路"中阿经贸合作的现状、挑战及对策 [J]. 边界与海洋研究，（1）：67-80.

王广大，2020. 携手抗疫推动中阿合作达到新高度 [N]. 光明日报，6-22.

王猛，2018. "一带一路"视域下的中国中东外交：传承与担当 [J]. 西亚非洲，（4）：21-41.

王毅，2016. 构建以合作共赢为核心的新型国际关系 [N]. 学习时报，6-20.

王毅，2020. 加强抗疫合作，打造中阿命运共同体 [N]. 人民日报，7-3.

王义桅，2020. 新冠感染疫情防控彰显社会主义优越性 [J]. 新疆师范大学学报（哲学社会
科学版），（6）：20-27.

王铁铮，2018. 历史上中国与阿拉伯国家的交往及其影响 [J]. 智慧中国，（7）：79-81.

魏敏，2017.“一带一路”框架下中国与中东基础设施互联互通问题研究 [J]. 国际经济合作，
（12）：58-63.

吴富贵，2020. 患难见真情，中阿共抗疫 [J]. 国际人才交流，（4）：42-43.

吴磊，杨泽榆，2017.“一带一路”背景下的中国与阿拉伯世界 [J]. 国别和区域研究，
（Z1）：93-109.

习近平，2017. 决胜全面建成小康社会 夺取新时代中国特色社会主义伟大胜利——在中
国共产党第十九次全国代表大会上的报告 [M]. 北京：人民出版社.

颜旭，2020. 战胜疫魔亟须强化人类命运共同体意识 [J]. 前线，（4）：22-25.

The Strategies for Building China-Arab Community in Post-COVID-19 Era

DING Gong

Abstract: In the early days of the epidemic, when China was at its most difficult moment in its fight against the epidemic, Arab countries and their people gave China strong support. China is deeply grateful for this. When China achieved initial success in the prevention and control of the epidemic and Arab countries were hit by the epidemic, the Chinese government and people immediately extended a helping hand and gave full support to Arab countries in their fight against the epidemic. In face of the disaster, the spirit of responsibility and sense of responsibility shown by China and Arab countries have won the respect and praise of people around the world, and become a benchmark and example of international solidarity in the fight against COVID-19. In the future, China and Arab countries should strengthen macro-economic policy coordination and cooperation, continue to work together in solidarity and sincerity in promoting economic recovery, and help Arab countries enhance their strength and level in modern agriculture, equipment manufacturing, light industry and textile industry, communication in line with the general idea of rational division of labor and mutual complementarity. China and Arab countries should jointly provide wisdom and strength for the international community to overcome difficulties, and seek common development and overcome difficulties together.

Keywords: China-Arab States Cooperation Forum; COVID-19 pandemic; the Belt and Road Initiative; public health; major-country diplomacy with distinctive Chinese features

（责任编辑：宋清润）

2020—2021年老挝主流媒体中国抗疫报道分析

罗雪瑜

内容提要：2021年1月底，世界卫生组织宣布新冠疫情构成了国际关注的突发公共卫生事件。3年多来，通过高效统筹疫情防控和经济社会发展，中国创造了人类文明史上人口大国成功走出疫情大流行的奇迹。在2020—2021年，老挝主流媒体持续报道中国抗击疫情的情况，对此进行分析有助于为我国与老挝等周边国家在媒体、公共卫生领域的交流合作提供借鉴。本研究对巴特寮通讯社、《新万象报》以及老挝娱乐网三家老挝主流媒体的相关报道进行统计，运用框架理论从报道主题、来源、议题和态度等四个层面展开分析。研究表明，老挝媒体对中国抗疫报道的主题集中在公共卫生和国际关系领域，包括中国的抗疫措施、中国与世界各国的抗疫合作与关系、中国对外抗疫援助等六大议题，报道态度积极正面。

关 键 词：老挝媒体；中国抗疫报道；中老媒体合作；中老关系

作者简介：罗雪瑜，广东外语外贸大学东方语言文化学院助教，硕士，主要从事老挝文学、老挝与周边国家关系研究。

一、引言

2020年3月，世界卫生组织宣布新冠疫情已具有大流行特征，2021年1月底，新冠疫情已经构成了国际关注的突发公共卫生事件。3年多来，以习近平同志为核心的党中央始终坚持人民至上、生命至上，团结带领全党全国各族人民同心抗疫，以强烈的历史担当和强大的战略定力，因时因势优化调整防控政策措施，高效统筹疫情防控和经济社会发展，创造了人类文明史上人口大国成功走出疫情大流行的奇迹，也在国际上创造了一个典范。在疫情期间，中国为世界防疫贡献了有效的"中国方案"，相关举措受到外媒的关注和报道。

长期以来，国内学界多关注西方国家主流媒体的涉华报道，相关研究成果丰富，其中缘由与西方国家在国际上占有重要话语权密不可分。尽管如此，随着"一带一路"倡议的深入推进，我国与东南亚地区沿线国家的关系不断加强，国内学界也更加重视东南亚国家媒体。老挝是中国山水相连的友好邻邦，也是中国"一带一路"倡议的积极参与国，双方在各领域的合作十分密切。在此背景下，部分学者开始关注老挝媒体的涉华报道，并多以老挝官媒巴特寮通讯社作为研究对象，从媒体框架、国家形象等角度展开分析，归纳出相关报道的特点。其中，具有代表性的是王毓喆的《老挝巴特寮通讯社视域下"一带一路"的报道框架及内容分析》，该研究提出"老挝国家通讯社对'一带一路'的相关报道都是正面积极和中立性质"的观点（王毓喆，2020）。而梁荣骁和龙思婷的《老挝国家通讯社中的中国国家形象》认为，老挝巴特寮通讯社的新闻来源极为单一，没有来自中国与老挝之外第三国家的报道（梁荣骁 等，2019）。总体而言，目前国内学界对老挝媒体的关注多集中在官媒，研究对象相对单一。

自 2020 年来，老挝主流媒体持续密切报道了中国抗击疫情的相关情况。在大众媒体传播力日益增强的当代，外媒报道不仅将引导该国民众对某一事件的认知与理解，也会对他国形象在国际社会的建构产生影响。因此，对老挝等特定国家的相关报道进行进一步研究，不仅有助于回顾和总结我国疫情防控经验，也为从微观层面深化对老挝媒体的认识，为日后两国在媒体乃至公共卫生等领域的合作提供借鉴。

二、研究对象及方法

（一）研究对象与代表媒体

本研究选取了老挝官方和商业领域三家主流媒体作为研究对象，分别是巴特寮通讯社（*Lao News Agency*）、《新万象报》（*Vientiane Mai Newspaper*）和老挝娱乐网（Muan.la）。

巴特寮通讯社成立于 1968 年 1 月 6 日,是隶属于老挝新闻文化与旅游部的国家通讯社。该社在全国 17 省设有分支机构,并与多国通讯社签署了双边协议,信息覆盖范围广,具有官方权威性。该社的新闻网站提供老挝文、英文和法文报道,内容涵盖每日头条、政治、经济、社会文化、教育等十大专题。《新万象报》创刊于 1975 年 9 月 1 日,由老挝万象市政府主办,是隶属于万象市新闻文化与旅游局的官方日报。其官网设有社会热点、体育、旅游等新闻专题,内容覆盖政治、经济、文化、教育、公共卫生等领域,不定期刊登社评,报道量大且权威性较高。老挝娱乐网是老挝知名的商业媒体,由泰国 Sanook 门户网站[1] 提供技术支持。其官网开设了社会热点、娱乐、生活、体育等专题,主要提供娱乐和生活类新闻,阅读量较大,同时提供手机程序等多媒体服务,媒介覆盖面广。

(二)研究内容与方法

本研究选取上述三家老挝媒体自 2020 年 1 月 1 日至 2021 年 12 月 31 日(两年)对中国抗击疫情的报道作为研究内容。2020 年 1—3 月,新冠疫情在中国分别经历了发现期、爆发期和控制期三个阶段。自 2020 年 2 月底起,中国境内疫情逐渐得到控制,国际情况则不容乐观。2020 年 3 月 24 日,老挝国内首次出现新冠感染确诊病例,疫情开始蔓延至全国。

本研究选取的新闻样本全部由手工或借助 Excel 工具统计和分析,选取标准为报道内容中同时涉及"中国"(ຈີນ)与"新冠感染"(ໂຄວິດ-19)或"新冠病毒"(ໄວຣັດໂຄໂຣນາ)等关键词。去除重复新闻后,共计获得有效样本 377 份(见表 1)。

---

[1] 该网站是泰国最大的门户网站之一,现已被腾讯全资收购,更名为"泰国腾讯"(Tencent Thailand LTD)。

表 1　新闻样本来源、数量和占比

新闻媒体	报道数量（篇）	占比
巴特寮通讯社	245	65.0%
老挝娱乐网[1]	98	26.0%
《新万象报》[2]	34	9.0%

本研究采用框架理论作为研究方法，从报道主题、来源、议题和态度等视角对 377 份新闻样本展开分析。框架理论起源于社会学、心理学，20 世纪 70—80 年代美国学者戈夫曼（Goffman）将此概念引入文化社会学后，其再度被运用到大众传播研究中。对框架概念的理解通常有两种：一类是指"界限"（boundary），可引申为对社会事件的规范，人们借以观察客观现实，凡纳入框架的实景，都成为认知世界中的部分；另一类则是指人们诠释社会现象的"架构"（building frame），以此来解释、转述或评论外在世界的活动（张克旭 等，1999）。在新闻报道中，框架也包含了两个层次：一是对新闻材料的选择，包括新闻来源和消息来源两个方面；二是对新闻材料的建构，主要指报道对象的圈定、报道内容的表现以及报道数量、版面位置和主题基调等（王雷 等，2009）。本研究主要分析 2020—2021 年老挝主流媒体涉华疫情防控报道的主题、来源和议题，进而观察其态度倾向和主要立场。

三、研究发现及讨论

（一）报道主题

新冠疫情属于公共卫生领域的突发事件，老挝主流媒体对中国疫情的报道首先集中在该主题。其次，注重报道疫情期间中国与世界各国的抗疫

---

[1]　自 2020 年下半年起，老挝娱乐网对新冠疫情的报道量呈下降趋势。

[2]　《新万象报》报道选取较少的主因是该报较多相关报道的主题、内容与巴特寮通讯社的高度相似，故视作重复新闻予以剔除。

合作。最后，还从经济、民生等方面解读疫情对中国社会的影响。从阶段上看，报道主题随时间呈现变化，例如，2020 年第一季度老挝媒体的报道集中在公共卫生主题；2020 年第二季度后，随着中国境内疫情的逐渐稳定，以及老挝本国和世界疫情形势的演变，国际关系类报道逐渐增多。据统计结果，国际关系和公共卫生类报道占比最高，分别为 45.9% 和 34.7%，民生、经济和政治类主题占比较少，分别为 12.8%、5.3% 和 1.3%（见表 2 和图 1）。

表 2　老挝媒体新闻报道主题及其占比

报道主题	占比
国际关系	45.9%
公共卫生	34.7%
民生	12.8%
经济	5.3%
政治	1.3%

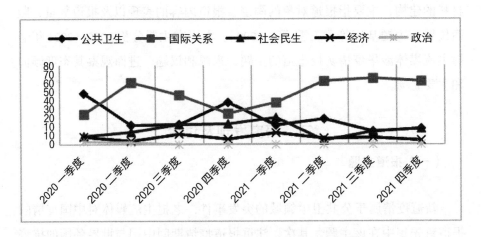

图 1　报道主题在疫情各阶段占比的变化

　　疫情暴发初期，老挝媒体较关注疫情在中国的演变。2020 年 1—3 月，三家媒体密切报道中国新冠感染新增确诊和死亡人数。1 月初，老挝娱乐网报道了中国香港发现新冠感染确诊患者。1 月 21 日，巴特寮通讯社对疫情的关注开始从泰国、日本等国家转向中国。2020 年 4 月起，随着中国境内疫情逐渐稳定，老挝媒体对中国新冠感染确诊人数的报道有所减少。自中国开发出新冠疫苗后，老挝媒体就转为关注中国社会注射疫苗的人数和群体。在 2020—2021 年各阶段，老挝媒体密切关注中国在公共卫生领域实施的相关政策，以及医学研究的最新成果，例如，在早期转载了大量关于中国防控措施、搭建方舱医院和研制抗疫药物的报道，中后期则关注疫苗开发的进展。

　　国际关系类报道始终贯穿于疫情的各个阶段。一方面，老挝媒体关注疫情期间中老两国在官方和民间层面的互助与合作。2020 年初，三家媒体都密切关注滞留于中国的老挝留学生情况，同时又积极表达老挝对中国抗疫的支持态度，通过报道领导人互通电话、政府间交流和民间援助等具体事例呈现。在老挝出现确诊病例后，老挝媒体则更多地转载或报道中国对老挝的援助活动，例如，中国多次向老挝派遣医疗专家组、向老挝捐赠抗疫物资和疫苗等。另一方面，三家媒体还关注中国与世界各国的抗疫合作情况，突出体现在中国与世界卫生组织的交流、中国和东盟各国以及其他国家就抗疫措施的商议、中国向世界多国捐赠医疗物资和提供新冠疫苗的情况。尤其是 2021 年以来，老挝媒体对于中国对外援助报道的数量较去年明显增加。

　　相较之下，民生和经济类报道则较少，集中在老挝娱乐网的社会热点和生活类专栏，主要涉及疫情对中国社会与经济的影响，如抗疫英雄事迹、经济生产恢复、社会失业情况等，以及中国政府在疫情期间出台的其他惠民措施。尽管数量不多，但这类报道却吸引了较多当地民众的关注。例如一则题为《新生儿出生仅 30 小时就感染新冠》[1] 的报道在短短 24 小时内就吸引了超过一万的点击量，远高于其他报道。

---

　　[1]　新生儿出生仅 30 小时就感染新冠，2020 年 2 月 6 日，资料来源于老挝娱乐网（读取日期：2020 年 5 月 20 日）。

（二）报道来源

信源的选择通常反映出媒体报道的基本态度和政治倾向，在新闻框架化的过程中，媒体通过消息来源的选择与组织来形成特殊框架，由此建构不同的新闻价值（康怡，2007）。分析发现，老挝三家媒体在报道中国抗击疫情的相关情况时，多选择中国媒体、自采新闻或当地媒体的报道作为信源，其次是其他外国媒体，分别占比 58.0%、27.4% 和 14.6%。由此可见，老挝主流媒体比较信任中国媒体尤其是内地（大陆）官方媒体的报道（见表 3）。

表 3 老挝新闻报道来源及其占比

报道来源	占比
中国媒体 [1]	58.0%
自采新闻或当地媒体	27.4%
其他外国媒体	14.6%

首先，新冠疫情期间，老挝媒体通过整合和编译相关机构的新闻，来呈现中国各方面情况。具体来看，老挝三家媒体转载的涉华报道多来自中央广播电视总台万象调频台（China Radio International FM93Mhz，以下简称"CRI 万象调频台"）和中国新华新闻（*China Xinhua News*）。CRI 万象调频台是中国对老新闻传播的重要机构之一，自 2006 年开播后就与老挝当地媒体在新闻和文化等多领域展开了密切合作。此外还有少量报道转载自中国港澳台媒体，例如香港《南华早报》（*South China Morning Post*）。其中，巴特寮通讯社转引中国媒体尤其是内地（大陆）媒体的数量最多，老挝娱乐网最少，这体现出媒体性质对新闻信源选择的影响。基于官媒性质，巴特寮通讯社和《新万象报》是老挝党和中央、地方政府的宣传阵地，发挥"喉舌"的作

---

[1] 其中 54.6% 为中国内地（大陆）媒体，3.4% 为中国港澳台媒体。

用（Laopost，2015），因而对信源及其报道内容的选择有严格标准。换言之，在世界各国媒体发布大量涉华疫情报道的背景下，这两家媒体对信源的选择十分谨慎严格。相比之下，老挝娱乐网选择信源的范围就比较广泛。从报道内容上看，这类转载自中国媒体的报道涉及面广，涵盖公共卫生、国际关系、社会与民生、经济等多个主题，报道形式以短消息为主，其态度和政治倾向与中国媒体保持一致。

其次，老挝媒体也通过自采或转载当地其他媒体新闻的方式进行报道。2020—2021 年，三家媒体都通过这一形式报道了中国防疫、抗疫的情况，这类报道多集中于国际关系主题，内容是中老两国的抗疫互助，以长新闻为主，在内容上不重视细节，但颇为强调观点和态度。以巴特寮通讯社为例，该社通过自采新闻而非转载形式，报道了"中国向老挝捐赠抗疫物资""老挝支持中国抗击疫情""老挝和中国就新冠疫情交流经验"等情况。除自采新闻外，巴特寮通讯社和《新万象报》本身还是当地多家其他媒体的信源，例如老挝娱乐网在疫情期间就转载了上述两家媒体对中国的报道。

最后，三家媒体还选择了部分东盟和西方国家媒体作为信源。东盟方面，主要包括泰国 Voice TV、新加坡《海峡时报》（*The Straits Times*）以及越南、缅甸、菲律宾等国媒体；西方国家则有英国广播公司（BBC）、美国有线电视新闻网（CNN）、美国之音（VOA）等。这类转载自外国媒体的新闻，主要报道"新冠疫情在中国的发展和变化""中国抗疫的最新医学进展""中国和世界各国的抗疫合作"等内容，以短消息和长新闻相结合作为报道形式。至于部分西方外媒针对中国发布的负面新闻，三家媒体都没有转载。总体来看，老挝娱乐网在报道时选择西方外国媒体作为转引来源的情况更多，而巴特寮通讯社和《新万象报》较少会选择非中国官方或自采新闻进行报道，少数情况会转引越南等东盟国家媒体。从历时的角度看，长期以来老挝官方媒体都倾向于选择 CRI 万象调频台和新华社作为报道中国的首选机构，其次才是自采新闻或转载越南、泰国等东盟国家媒体，较少参考西方国家的报道。

（三）报道议题

新闻标题是报道议题的直接呈现，本研究在分析 377 篇报道的基础上，根据标题提炼出 2020—2021 年老挝主流媒体涉华疫情报道的主要议题。具体而言，这些议题包括"中国对外抗疫援助""中国的抗疫措施""中国与世界各国的抗疫合作与关系""中国新冠感染人数或疫苗注射人数""中国抗疫医学进展""新冠疫情对中国社会和经济的影响"等六方面，分别占比 30.2%、22.9%、17.8%、10.6%、10.6%、7.9%（见表 4）。

表 4　新闻议题数量和占比

议题	数量（篇）	占比
中国对外抗疫援助	114	30.2%
中国的抗疫措施	86	22.9%
中国与世界各国的抗疫合作与关系	67	17.8%
中国新冠感染人数或疫苗注射人数	40	10.6%
中国抗疫医学进展	40	10.6%
新冠疫情对中国社会和经济的影响	30	7.9%

结合表 4 数据，可以看出老挝三家媒体较关注的议题。首先，公共卫生主题下的相关议题是重要关切。在中国暴发疫情初期，三家媒体都密切跟踪中国新冠感染的确诊人数，《中国发现新冠感染者超过 300 人》[1]《中国：新冠感染确诊 28,018 人，死亡 563 人，治愈 1,153 人》[2] 等报道反映出老挝从一开始就对疫情非常重视。自 2020 年 3 月下旬起，随着中国境内疫情形势逐渐转好，老挝媒体不再每日更新中国新冠感染的确诊人数，只零星地报

---

[1]　中国发现新冠感染者超过 300 人，2020 年 1 月 22 日，资料来源于巴特寮通讯社官网（读取日期：2020 年 5 月 20 日）。

[2]　中国：新冠感染确诊 28,018 人，死亡 563 人，治愈 1,153 人，2020 年 2 月 6 日，资料来源于巴特寮通讯社官网（读取日期：2020 年 5 月 20 日）。

道突出的新增确诊病例。后期，由于老挝国内疫情形势愈发严峻，中国也成功研发出有效的新冠疫苗，老挝媒体转而密切关注中国注射疫苗的情况，包括疫苗的适用范围、注射人数等，体现在《中国为近 215 万长者提供新冠疫苗注射服务》[1]《中国注射新冠疫苗人数超 10 亿人》[2]《中国提出为 3 岁以上儿童注射新冠疫苗的目标》[3] 等报道。与此同时，老挝媒体持续关注中国抗疫的最新医学进展，包括对新冠感染的医学研究、各类抗新冠感染药物和新冠疫苗的研发与临床试验，具体报道如《中国医疗专家表示新冠感染可能对神经系统造成损伤》[4]《中国新冠药物生产进展》[5]《中国开始测试新冠疫苗》[6] 等。此外，老挝媒体还关注各阶段中国为抗击疫情采取的措施。疫情期间，中国政府在经济、公共卫生、民生、出入境等各领域采取了相关措施，老挝三家媒体进行了持续报道，包括中国政府疫情期间的财政投入、方舱医院的修建、出入境旅游的限制措施等，具体报道如《武汉加快建设第二个方舱医院》[7]《中国在全国范围内暂停旅游活动》[8]《中国加强对中小企业的援助》[9]《中国投放 20 亿美元以抗击新冠疫情》[10] 等。上述议题反映出，老挝媒体对中国疫情的关注从一开始就集中在公共卫生领域，没有将疫情

---

[1] 中国为近 215 万长者提供新冠疫苗注射服务，2021 年 12 月 2 日，资料来源于巴特寮通讯社官网（读取日期：2021 年 12 月 20 日）。

[2] 中国注射新冠疫苗人数超 10 亿人，2021 年 9 月 21 日，资料来源于巴特寮通讯社官网（读取日期：2021 年 12 月 20 日）。

[3] 中国提出为 3 岁以上儿童注射新冠疫苗的目标，2021 年 6 月 7 日，资料来源于巴特寮通讯社官网（读取日期：2021 年 12 月 20 日）。

[4] 中国医疗专家表示新冠感染可能对神经系统造成损伤，2020 年 3 月 6 日，资料来源于老挝娱乐网（读取日期：2020 年 5 月 20 日）。

[5] 中国新冠药物生产进展，2020 年 2 月 21 日，资料来源于老挝娱乐网（读取日期：2020 年 5 月 20 日）。

[6] 中国开始测试新冠疫苗，2020 年 3 月 18 日，资料来源于巴特寮通讯社官网（读取日期：2020 年 5 月 20 日）。

[7] 武汉加快建设第二个方舱医院，2020 年 1 月 21 日，资料来源于老挝娱乐网（读取日期：2020 年 5 月 20 日）。

[8] 中国在全国范围内暂停旅游活动，2020 年 1 月 29 日，资料来源于巴特寮通讯社官网（读取日期：2020 年 5 月 20 日）。

[9] 中国加强对中小企业的援助，2020 年 2 月 11 日，资料来源于巴特寮通讯社官网（读取日期：2020 年 5 月 20 日）。

[10] 中国投放 20 亿美元以抗击新冠疫情，2020 年 5 月 19 日，资料来源于巴特寮通讯社官网（读取日期：2020 年 5 月 20 日）。

"政治化"的导向，也并未特别关心疫情"溯源"等西方媒体感兴趣的议题。而作为公共卫生事业相对落后的国家，在面对重大突发性公共卫生事件时，老挝最迫切需要的是借鉴中国等周边国家的经验，谋求最新的医学信息和医疗帮助以应对危机。

其次，中国的对外抗疫援助是老挝媒体报道量较大的议题，尤其自2020年3月下旬起，报道量逐渐增大。一方面，三家媒体报道了中国对东盟国家的抗疫援助，包括老挝、柬埔寨、泰国、越南、菲律宾、马来西亚等大部分东盟国家；另一方面，报道中国对世界其他国家的抗疫援助，如非洲、斯里兰卡、印度、伊朗等地区和国家。这类报道以短消息为主，内容上突出中国援助物资或疫苗的数量和惠及人数，如《中国向新加坡运送10万剂新冠疫苗》[1]《中国向越南捐赠300万剂新冠疫苗》[2]《中国向索马里捐赠50万剂新冠疫苗》[3] 等。在此基础上，老挝媒体则以长新闻形式，详细报道中国对老援助的具体情况、援助物资或疫苗的数量以及老挝方面的态度。例如，巴特寮通讯社在2020年3月29日的《中国向老挝派出医疗专家团帮助老挝抗击新冠疫情》一文中报道了老挝为中国医疗专家团组织的欢迎仪式，来自老挝财政部、公共卫生部和抗疫专项小组的政府高层参加了仪式，老挝对中国的援助表达了感激，并希望通过更多交流向中国学习抗疫经验。[4]《新万象报》在2021年8月11日刊发的《中国向老挝捐赠1百万剂新冠疫苗》一文，则报道了中国政府援助老挝新冠疫苗交接仪式的情况，包括老挝总理潘坎·维帕万（Phankham Viphavanh）的致辞和对中国的高度评价。[5] 上述议题表明，老挝高度认同疫情期间中国对老挝乃至世界的帮助，

---

[1] 中国向新加坡运送10万剂新冠疫苗，2021年9月16日，资料来源于巴特寮通讯社官网（读取日期：2021年12月20日）。

[2] 中国向越南捐赠300万剂新冠疫苗，2021年9月13日，资料来源于巴特寮通讯社官网（读取日期：2021年12月20日）

[3] 中国向索马里捐赠50万剂新冠疫苗，2021年12月9日，资料来源于巴特寮通讯社官网（读取日期：2021年12月20日）。

[4] 中国向老挝派出医疗专家团帮助老挝抗击新冠疫情，2020年3月29日，资料来源于巴特寮通讯社官网（读取日期：2020年5月20日）。

[5] 中国向老挝捐赠1百万剂新冠疫苗，2021年8月11日，资料来源于《新万象报》官网（读取日期：2021年12月20日）。

肯定中国对世界抗疫行动的切实支持。尽管在此期间，老挝媒体也报道了其他国家的对外援助活动，但其报道量远低于对中国的报道。老挝媒体对中国抗疫援助的肯定，不仅基于老挝是受助国之一的立场，还离不开近年来两国的友好关系，尤其是两国在传媒领域的紧密交流。这类议题有助于塑造中国作为全球"稳定器"的大国形象。

再次，密切关注中国与世界各国的抗疫合作。疫情期间，中国与世界卫生组织、东盟以及世界多国就抗击疫情展开了密切交流，这些情况老挝媒体也进行了报道，如《中国和俄罗斯签署抗疫合作文件》[1]《中国和马来西亚合作研究、开发和生产新冠疫苗》[2]《中国和柬埔寨共同抗击新冠疫情》[3]等。其中，特别关注中国和东盟的抗疫合作，例如，早期报道了《中国和东盟共同商议新冠疫情防控措施》[4]《中国和东盟举办抗击新冠疫情远程会议》[5]，后期则有《中国和东盟合作开发新冠疫苗》[6]等。这类议题不仅体现出中国与东盟国家的紧密合作与良好关系，也反映了老挝作为东盟成员国的集体意识。老挝于 1997 年 7 月正式加入东盟，随后逐渐在其中承担作为成员国的责任。2020 年 2 月 20 日，"中国—东盟关于新冠肺炎问题特别外长会"在老挝万象举行，该会议体现了中国和东盟同舟共济、共克时艰的意志和决心。老挝媒体报道中国与东盟的疫情合作，有助于深化双方关系。[7]

最后，大量报道疫情期间中国与老挝的两国关系，既包括中国对老挝各方面的支持与援助，也涉及老挝对中国的支持和关心。2020 年 3 月下旬

---

[1] 中国和俄罗斯签署抗疫合作文件，2021 年 12 月 23 日，资料来源于《新万象报》官网（读取日期：2021 年 12 月 25 日）。

[2] 中国和马来西亚合作研究、开发和生产新冠疫苗，2021 年 12 月 8 日，资料来源于巴特寮通讯社官网（读取日期：2021 年 12 月 20 日）。

[3] 中国和柬埔寨共同抗击新冠疫情，2021 年 6 月 21 日，资料来源于巴特寮通讯社官网（读取日期：2021 年 12 月 20 日）。

[4] 中国和东盟共同商议新冠疫情防控措施，2020 年 2 月 21 日，资料来源于《新万象报》官网（读取日期：2020 年 5 月 20 日）。

[5] 中国和东盟举办抗击新冠疫情远程会议，2020 年 5 月 22 日，资料来源于巴特寮通讯社官网（读取日期：2020 年 5 月 24 日）。

[6] 中国和东盟合作开发新冠疫苗，2020 年 6 月 12 日，资料来源于巴特寮通讯社官网（读取日期：2020 年 6 月 20 日）。

[7] 中国和东盟共同商议新冠疫情防控措施，2020 年 2 月 21 日，资料来源于《新万象报》官网（读取日期：2020 年 5 月 20 日）。

前，老挝国内未出现新冠感染确诊患者，老挝政府和民间都十分支持中国抗疫、防疫。三家媒体积极报道了老挝政府和企业对中国的帮助，如老挝寮都公学、老挝人民革命党、老挝国防部、省政府和地方企业等在物质和精神方面提供的支持。巴特寮通讯社在 2020 年 2 月 24 日的《老挝政府向中国新冠感染患者捐赠物资》，报道了老挝能矿部部长代表老挝向中国捐赠 40 万美元现金和 10 万美元医疗防疫物资；[1]《新万象报》在 2020 年 3 月 13 日的《老挝琅勃拉邦向中国捐赠善款》，报道了老挝琅勃拉邦省政府向中国捐赠 2 万美元以抗击新冠疫情；[2] 老挝娱乐网在 2020 年 2 月 5 日的《老挝留学生为正在抗击新冠感染的中国人加油》，报道了老挝琅南塔省的学生为中国抗疫加油的情况。[3]

而在疫情各个时期，三家媒体还报道了有利于两国关系发展的内容，例如，巴特寮通讯社在多个阶段报道了《老挝坚定支持中国应对新冠疫情的措施》[4]《新冠疫情不会阻碍中老两国人民的关系》[5] 等新闻。实际上，在中国暴发疫情的初期，老挝国内曾出现疑似感染新冠的中国人，这一事件在互联网上引起了老挝民众的广泛讨论，部分网友担心疫情会随赴老挝的中国人蔓延至老挝。在关键时刻，巴特寮通讯社及时发文，提出"目前在中国和世界部分国家暴发的新冠疫情引起了社会关注和一些恐慌情绪……然而我们应该保持理性，切勿听信虚假报道，恶意中伤中国民众。这些行为意图破坏两国的友好关系，也会对老挝的国家形象造成影响"的引导内容。[6]在疫情后期，面对中国政府多次及时的援助，老挝媒体也及时撰文表达感

---

[1]　老挝政府向中国新冠感染患者捐赠物资，2020 年 2 月 24 日，资料来源于巴特寮通讯社官网（读取日期：2020 年 5 月 20 日）。

[2]　老挝琅勃拉邦向中国捐赠善款，2020 年 3 月 13 日，资料来源于《新万象报》官网（读取日期：2020 年 5 月 20 日）。

[3]　老挝留学生为正在抗击新冠感染的中国人加油，2020 年 2 月 5 日，资料来源于老挝娱乐网（读取日期：2020 年 5 月 20 日）。

[4]　老挝坚定支持中国应对新冠疫情的措施，2020 年 2 月 13 日，资料来源于巴特寮通讯社官网（读取日期：2020 年 5 月 20 日）。

[5]　新冠疫情不会阻碍中老两国人民的关系，2020 年 2 月 28 日，资料来源于巴特寮通讯社官网（读取日期：2020 年 5 月 20 日）。

[6]　新冠疫情不会阻碍中老两国人民的关系，2020 年 2 月 28 日，资料来源于巴特寮通讯社官网（读取日期：2020 年 5 月 20 日）。

激，同时反复赞扬两国的传统友谊。这类议题体现出老挝政府和媒体非常重视在疫情期间继续维系和深化两国的友好关系。近年来，中国和老挝关系的发展进入历史最好时期，两国在各领域的合作与交流十分密切。疫情期间，虽然老挝向中国援助的物资和资金数量有限，但基本都是在中国抗击疫情的关键时期提供的。民间层面，不少当地民众都对中国表达了精神上的支持，老挝留学生还为中国抗疫专门录制了加油歌曲。这些报道，尤其是老挝媒体在网络社交平台上的发文，引起了较多老挝网民的关注，在一定程度上有助于引导当地民众对两国关系形成正确的认知。

（四）报道态度

本研究将报道态度分为正面、中性和负面三类。归类依据是如果报道中含有较多"高度评价""具有重要意义""感谢"等正面态度词汇，则划分为正面；如果只是陈述事实但未涉及态度评价，则划分为中性；如果含有批评性词汇则划分为负面。在初步划分的基础上，本研究邀请了一名掌握中文的老挝留学生[1]进一步验证并修正结果。通过整理和统计，研究发现老挝三家媒体的涉华疫情报道以正面和中性为主，没有负面报道。其中，正面报道占比约 65%，中性报道占比约 35%。

从报道主题上看，正面报道集中在公共卫生和国际关系领域；而议题则集中在中国的抗疫措施、中国对外抗疫援助、中国与世界各国抗疫合作与两国关系等方面。例如，《中国尽最大努力减少新冠感染危机和死亡人数》[2]《中国有信心遏制新冠疫情》[3] 等报道就对中国采取的抗疫措施给予了正面评价；《老挝和中国深化"四好"精神下的全面合作关系》[4] 等报道了老挝政府

---

[1] 该环节于 2021 年进行，在此对该名老挝留学生的支持表示感谢。

[2] 中国尽最大努力减少新冠感染危机和死亡人数，2020 年 2 月 4 日，资料来源于巴特寮通讯社官网（读取日期：2020 年 5 月 20 日）。

[3] 中国有信心遏制新冠疫情，2020 年 1 月 23 日，资料来源于巴特寮通讯社官网（读取日期：2020 年 5 月 20 日）。

[4] 老挝和中国深化"四好"精神下的全面合作关系，2020 年 2 月 25 日，资料来源于《新万象报》官网（读取日期：2020 年 5 月 20 日）。

和人民对中国援助的感激;《中国医生-护士夫妇一个月不回家 奋力对抗新冠疫情》[1]《武汉女护士"剃头"为打赢新冠疫情战》[2] 等转载了中国民间抗疫的积极内容。中性报道多出现在公共卫生主题,例如新冠感染人数、中国抗疫医疗进展等事实性陈述,如《新冠疫情:中国感染人员达 31,000 人,死亡 636 人,治愈 1,540 人》[3]《中国专家发现抗击新冠药物并用于临床试验》[4] 等。

从媒体方面看,巴特寮通讯社和《新万象报》相关报道的态度更倾向于正面,而商业媒体老挝娱乐网则多为中性。老挝娱乐网在 2020—2021 年疫情期间转载了几篇西方外国媒体关于"新冠病毒溯源""新冠疫苗有效性"等报道,如《源头在哪里? WHO 组织专家团队寻找新冠病毒源头》[5]《东南亚民众应该选择哪家公司的新冠疫苗? 》,[6] 但从内容上看仍然以陈述客观事实为主,态度呈中性。

总体而言,除了公共卫生领域客观数据和政策的报道外,当涉及对中国疫情情况的态度评价时,老挝媒体的报道多为积极和正面。这一方面反映了老挝政府对中国疫情以及抗疫情况表现出乐观、支持的态度,另一方面也体现了无论是官媒还是商媒,老挝主流媒体的报道态度通常与党和国家保持高度一致。基于以往的涉华报道,一些学者就曾提出"巴特寮通讯社对中国的报道多为正面或中性"的观点(梁荣骁 等,2019)。从媒体发展的角度看,老挝多数大众传媒如报刊、广播电台、电视台等在诞生之初都隶属并服务于国家的需要。尽管在实行革新开放后,老挝传媒的开放程度逐

---

[1] 中国医生-护士夫妇一个月不回家 奋力对抗新冠疫情,2020 年 2 月 29 日,资料来源于老挝娱乐网(读取日期:2020 年 5 月 20 日)。

[2] 武汉女护士"剃头"为打赢新冠疫情战,2020 年 1 月 30 日,资料来源于老挝娱乐网(读取日期:2020 年 5 月 20 日)。

[3] 新冠感染:中国感染人员达 31,000 人,死亡 636 人,治愈 1,540 人,2020 年 2 月 7 日,资料来源于老挝娱乐网(读取日期:2020 年 5 月 20 日)。

[4] 中国专家发现抗击新冠药物并用于临床试验,2020 年 2 月 4 日,资料来源于老挝娱乐网(读取日期:2020 年 5 月 20 日)。

[5] 源头在哪里? WHO 组织专家团队寻找新冠病毒源头,2021 年 1 月 19 日,资料来源于老挝娱乐网(读取日期:2021 年 12 月 20 日)。

[6] 东南亚民众应该选择哪家公司的新冠疫苗? ,2021 年 6 月 29 日,资料来源于老挝娱乐网(读取日期:2021 年 12 月 20 日)。

渐增加，但党和政府的管理依然比较严格，这是老挝基于自身国情做出的价值选择。因此，在报道外国情况时，老挝本国媒体倾向于与政府保持一致的态度。

三、研究结论和展望

基于对 2020—2021 年老挝三大主流媒体中国抗击疫情报道的分析，本研究得出以下结论。第一，相关报道的主题集中在公共卫生和国际关系领域，且随疫情形势产生变化，即在 2020 年初多报道公共卫生类新闻，自 2020 年后期起则更加关注国际关系的内容。第二，报道来源以中国媒体和自采新闻为主，其中官方媒体多转载新华社、CRI 万象调频台等中国官媒，商业媒体转载的信源则相对丰富。在报道内容涉及疫情期间中老两国关系时，多由当地媒体自行采写。第三，报道议题集中在中国的抗疫措施、中国新冠感染人数或疫苗注射人数、中国抗疫医学进展、中国与世界各国的抗疫合作与关系、中国对外抗疫援助、新冠疫情对中国社会和经济的影响等六大议题，其中"中国对外抗疫援助"的报道量最大。此外，在报道中国对世界各国援助的同时，老挝也积极报道本国对中国的支持。第四，报道态度多以正面和中性为主，没有出现负面报道或关键词。

疫情期间，老挝媒体认知和塑造的是一个积极、正面的中国形象，即中国是积极抗击疫情的大国、给予支持的友好邻国以及拥有较强医学实力的国家，中国在疫情期间发挥了全球"稳定器"的作用，体现了大国担当。这些积极、正面形象的背后，反映出老挝作为东南亚友好邻邦对中国的支持，是两国长期稳定的"全面战略伙伴关系"的真实体现，同时也表明中国疫情防控的举措与成效是国际社会有目共睹的。追根溯源，老挝媒体对中国的正面报道也不仅是出于国家利益和国际关系方面的考虑，更离不开中国和老挝长期在媒体、公共卫生领域的交流合作。尤其是近年来，中国与老挝在媒体领域的合作十分密切，例如，中国主动为老挝记者举办新闻研修班、组织两国新闻记者共同采写新闻等活动。这些活动切实推动了老挝新闻行业水平的提升，进而促进了两国关系的发展，中国对老挝公共卫生领域的援助也广泛深入老挝城市与农村。因此，在当前我国深入推进"一带一路"建设和推广"人类命运共同体"理念的时代背景下，进一步加强与老挝等周边国家的媒体交流、公共卫生领域合作，无论对于深化两国关系，还是稳固中国在国际社会的大国形象，都具有积极意义。

参考文献

Laopost（老挝发布），2015. ຫນັງສືພິມວ>ງຈັນໃໝ່ສະຫລອງຄົບຮອບ 40 ປີ（《新万象报》庆祝创刊 40 周年）[OL].https://laopost.com（读取日期：2021 年 6 月 29 日）.

康怡，2007. 大陆和台湾媒体新闻报道的框架建构——以两岸新闻报道为例 [D]. 厦门：厦门大学 .

梁荣骁，龙思婷，2019. 老挝国家通讯社中的中国国家形象研究 [J]. 今传媒，（27）：38-40.

王雷，申从芳，2009. 框架理论在新闻报道中的应用 [J]. 东南传播，（5）：137.

王毓喆，2020. 老挝巴特寮通讯社视域下"一带一路"的报道框架及内容分析 [J]. 传播与版权，（8）：7.

张克旭，臧海群，韩纲，何婕，1999. 从媒介现实到受众现实——从框架理论看电视报道我驻南使馆被炸事件 [J]. 新闻与传播研究，（2）：3.

An Analysis on Reports of China's Fight Against COVID-19 in Lao Mainstream Media From 2020 to 2021

LUO Xueyu

Abstract: In late January 2021, the World Health Organization declared the COVID-19 a public health emergency of international concern. After more than three years of effective prevention and control as well as economic-social development, China has achieved a miracle in the history of human civilization. From 2020 to 2021, mainstream media in Laos continued to report on China's fight against COVID-19, so this analysis aims to help provide reference for China's exchanges and cooperation with Laos and other neighboring countries in the field of media and public health. The study has analyzed 377 reports of three Lao official and commercial media including "Lao News Agency" "Vientiane Mai Newspaper" and "Muan.la" with the framework theory. The study found that Lao medias focused on themes such as public health and international relations, including topics on China's measures on fighting against COVID-19, cooperation and relations between China and other countries, China's assistance to other countries and so on, while those reports mostly with positive attitude.

Keywords: Lao media; reports on China's fight against COVID-19; China-Laos cooperation on media; China-Laos relations

（责任编辑：宋清润）

语言研究

试论"井"和"우물"的起源、语义及其文化共性

闫仁举　尹允镇

内容提要：语言是文化的活化石。汉语"井"字直接来源于对水井的象形描述，为独体字，并且"井"字凭借其独特的构词能力，衍生出众多参构词和参构熟语；韩语固有词"우물"经历了"움믈"—"우믈"—"우물"的演变过程，为合成词，"우물"与"井"字相适应，也衍生出各类参构词和参构熟语。"井"和"우물"的这种起源语义及其衍生出的参构词和参构熟语，反映着中韩井文化所具有的汉字文化圈的各种文化共性，其深层意义就是"井"和"우물"所蕴含的汉字象形文化、空间认知文化和市井集群文化的共性特征。

关 键 词：井；우물；语义；井文化；文化共性
作者简介：闫仁举，山东大学东北亚学院硕士研究生，主要从事中韩翻译研究；尹允镇，文学博士，山东大学东北亚学院教授，博士生导师，主要从事韩国文学、中韩文学比较、中韩翻译研究。

一、引言

水井在农耕社会扮演着重要角色，井和"井"字在中韩语言文化中各具特色，同时又具有文字和文化层面的共性。韩语"정"与"우물"构词相互影响。中韩两国学者对"井"的字形、字义和"우물"的语义以及井文化进行了较多研究，这为本文提供了一些参考和依据，但尚未发现对"井"和"우물"的对比研究。鉴于此，本文试图在前人研究的基础上，对比分析"井"和"우물"的字源及其参构词、参构熟语，并从语言和文化角度阐明"井"和"우물"的语义中反映的汉字象形文化、空间认知文化、市井

集群文化的共性关系，以期对汉韩语言发展对比研究、汉文化影响研究提供参考。

二、"井"字和"우물（정）"的起源对比

（一）"井"的起源

"黄帝穿井""伯益作井"是中国最早关于利用地下水的记载。截至目前，中国乃至世界上发现最早的水井遗址位于浙江余姚河姆渡遗址，距今约五千六百多年（陈忠来，1993）[68]。从河姆渡的井遗址来看，其井口形状为方形木构结构，形似"井"字，这一考古发现，佐证了汉字"井"来源于古人对这种方形井栏结构的象形描述（刘宝俊，1997）。汉字属于自源文字并起源于象形文字，《说文解字》言："八家一丼，象构韩形"（许慎，1963）[106]，关于"丼"和"井"字的关系，学界有众多探讨。庞小霞认为，西周金文中的"井"中加一点是有意而为之，目的是用来区分井（邢）国与丼氏（庞小霞，2008）；谈大庆认为，"丼"字当中一点应当是打井工具木枧标墩面准心与木垂球尖定准中心点，即测定准心（谈大庆，2002）；涂师平则主张"丼"字中的一点代表井田制公田中间的水井（涂师平，2017）。但在李孝定编纂的《甲骨文字集释卷首第 2 卷》内，"井"字最初始的字形中间没有一点（李孝定，1970）[134]，那么"八家一丼，象构韩形"中的"丼"就很可能是"井"字之误。严志斌认为"丼"为"丹"之讹（严志斌，2020），即"丼"字实为"丹"字。《说文解字》释言："巴越之赤石也。象采丹井，一象丹形"，可知，"丹"字成字于井的象形结构。从字形来看，"井"和"丹"的甲骨文字体分别为"丼"和"甘"，"丼"所代表的象形含义与"丹"的成字过程高度相似；从发音来看，"丼"发音之一为"dǎn"，"丼"在各地方言中发音分别为：客家话（tsiaŋ）、闽南语（tsaŋ）、粤语（tsiɜŋ）、平话（tsən）、湘语（tɕin）、北方官话（tɕiŋ）、吴语（tsin），这与"丹"字发音相似，符合语音发展变化规律。可见，"井"字应当是直接来源于对水井的象形描述。

（二）韩语"우물（정）"的来源

韩语固有词"우물"本为合成词，虽然在现代韩语词汇中，借用汉字词"정（井）"构词的形式也很多，但"우물"一词的使用更为普遍。陆锡兴著《汉字传播史》认为，传入朝鲜半岛的第一批汉字是春秋战国时期与朝鲜半岛商贸活动中所使用的战国钱币上的铭文（陆锡兴，2018）[446]。据韩国考古发现，韩国至今发现最早的井遗址位于大邱东川洞和论山麻田里，为青铜器时代遗址，可见，井的概念在韩国青铜器时代之后的有音无字时期就已存在，因此，在汉字传入朝鲜半岛之后，训民正音颁布之前，对于井这一概念的描述应有二，即"우물"的音和汉字"井"。认知语言学有著名论断"今天的词法曾是昨天的句法"，这一论断同样适用于韩语固有词"우물"的成词过程。韩国学者崔昌烈认为"우물"经历了"움믈"—"우믈"—"우물"的演变过程（崔昌烈，1984）。"우물"一词是由"움（坑穴）"和"믈（水）"两个韩语固有词组成，"우물"最初的形态为"움믈"（구미래，2002），之后演变为"우믈"，如今广泛使用的是"우물"（见图1）。如今平安道方言里使用的"움물"包含有"움"的本义，更能体现出"우물"的语源。

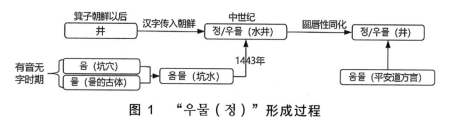

图 1　"우물（정）"形成过程

15世纪时，"물"一词被标记为"믈"，由于元音"ㅡ"受到了唇音"ㅁ"的圆唇性同化，故变为"물"（崔昌烈，1984）。新罗时期，"믈"被标记为"買"，《鸡林类事》载："水曰没"（王硕荃，2006）[1]，也就是说高丽时期"물"一词的发音与当时汉语"没"字发音相似。另外，蒙古语中"江河"一词的发音为"moren"，满语中"水"的发音为"muke"，日语中"水"的发音为"mizu"，从发音来看，韩语"물（mul）"和蒙古语、满语和日语中表示

水或江河的词发音有相似之处，推测这些词可能具有同一源头。由此可见，"우물"一词是由与水井的特点有相似之处的两个不同的事物"욱（坑穴）"和"믈（水）"的名称组合而来，属于合成词。

（三）"井"与"우물（정）"的历史演变及语义对比

基于汉语和韩语两种文字不同的起源，"井"和"우물"字源特征有以下不同。性质方面，"井"字的基本特征是表意性，为独体字，"우물"的基本特征是表音性，为合成词；文字形成时间方面，汉字形成于约公元前14世纪的殷商后期，"우물"一词首次在文献中出现的时间为15世纪，汉字"井"的形成是一个较为漫长的过程，而"우물"的成字是短期内创造并且语音单纯符号化的过程。形成方式方面，"井"字由图画文字（象形描述）演变而来，其字形基本没有发生太大变化，是自然形成的文字，而"우물"是在已有语音的基础上人为创造出的文字组合，以原有的相似概念为基础，结合事物的特点和作用，予以命名，且合成词的特点分别在其来源的两个不同事物上有所体现。可见，"井"字属于描绘事物的象形特征，"우물"属于描绘事物的性质特点。

三、"井"和"우물（정）"的参构词、参构熟语对比

（一）"井"和"우물（정）"的参构词

作为独体字的"井"字，在长期的发展演变中，衍生出众多的参构词汇，其参构词主要朝着"井"的字形和性质两个方向发展演变。元末明初陶宗仪《南村辍耕录》卷二十九记录了一组俗语："人欲娶妻而未得，谓之寻河觅井；已娶而料理家事，谓之担雪填井；男婚女嫁，财礼奁具，种种不可阙，谓之投河奔井"（吴裕成，2010）[279]。可见，"井"的参构词极为丰富，除了基本构词"井绳""井水"等以外，衍生词汇主要如下（见表1）。

表 1 "井"字的参构词分类

字形	藻井、井田、井井有条、井然有序、井宿、历井扪天、扪参历井		
性质	固有性质	低深	天井、矿井、落井下石、避坑落井、金瓶落井
		蓄水	井底捞月、挑雪填井、古井不波、井中视星
	代指故土家乡		背井离乡、井管拘墟
	代指交易场所		市井无赖、市井之徒
	水井利用价值		穿井得人、塞井夷灶、渴而穿井、临渴掘井
	水井干涸废弃		井底之蛙、断井颓垣、坐井观天、云龙井蛙
	水井信仰认知		井神、龙井、井祭

韩语"우물（정）"的参构词除了一些基本构词外，几乎都是借用汉字词汇或是以汉字"井"的象形为基础形成的词汇，可从字形和性质方向分为以下两类（见表2）。

表 2 "우물"的参构词分类

字形	정간보 (井简谱)、정자문 (井字门)、정자살 (井字门棍)、우물마루 (井字地板) 우물천장 (井字吊顶)、정전제 (井田制)
性质	우물물 (井水)、두레우물 (吊桶井)、굴우물 (洞井)、박우물 (瓢井)、우물고누 (井台)、우물굿 (井祭)、금정 (金井)、정혈 (井穴)、가스정 (gas 井)、정화수 (井华水)、낙정하석 (落井下石)、취할투정 (取辖投井)、감중지와 (陷中之蛙)、경전착정 (耕田凿井)、피감낙정 (避坎落井)、옥정추향 (玉井秋香)、감정지와 (坎井之蛙)、정중관천 (井中观天)、시정 (市井)、시정배 (市井辈)

固有词"우물"构成的词汇，主要集中在对井本身的性质描述，如"우물물"（井水）、"두레우물"（吊桶井）、"박우물"（瓢井），这反映出韩国社会对事物的独特命名方式，但其参构词仅限于实物井（文中韩语词汇和句子均采取直译）。"우물마루"（井字地板）一类词，在词汇分类上虽为固有词，但却借用了汉字"井"的象形义，由于韩国长期使用汉字，汉字融入了

其文字体系当中，所以"우물"一词便被赋予了有形的含义，从这一点也可以看出汉韩语虽然没有亲属关系，但韩语深受汉语的影响。

"정"的参构词和汉语"井"的参构词基本上结构相同、含义相通，大多数是直接借用汉语词汇或摘自汉语诗词，也有部分词汇存在换字现象，或是古代汉语中使用，现代汉语中不使用的词汇，对比如下（见表3）。

表 3 汉字词"정（井）"的参构词

同形同义词	시정（市井）、금정（金井）、낙정하석（落井下石）
同义换字词	감중지와（陷中之蛙）/ 陷井之蛙；피감낙정（避坎落井）/ 避坑落井；정중관천（井中观天）/ 坐井观天
诗词典故词	경전착정（耕田凿井）[出自《击壤歌》]、옥정추향（玉井秋香）[出自《楼上曲》]、감정지와（坎井之蛙）[出自《荀子·正论》]

（二）"井"和"우물（정）"的参构熟语

王德春把熟语分为五类，分别为成语、谚语、格言和警句、歇后语、俗语和惯用语，认为俗语属于熟语范畴（王德春，1983）[50]，借用这一分类法，除成语以外，"井"字的参构熟语可分为三个方面：第一，与"井"的结构有关的熟语；第二，与"井水"有关的熟语；第三，与"井"字字形有关的熟语（见表4）。

表 4 "井"字的参构熟语分类

结构	井深槐树粗，街阔人义疏；不恨绳短，只怨井深；一朝被蛇咬，十年怕井绳；井里的蛤蟆，酱里的蛆；小案板盖井口——随方就圆；井底下划船——前途不大；井边卖水——多此一举；口渴的牛犊望井底——解不了渴；小孩爬到井台上——太悬乎；一镢头想挖口井——急于求成
井水	吃水不忘挖井人；千里井不反唾；井淘三遍出水好；腊月里的井水——热乎乎；井边卖水——多此一举；井底里放糖——甜头大家尝；口渴了才打井——来不及了
井字	井水不犯河水；井字手中纹，横财滚进门

韩语"俗语"为"속담（俗谈）"，指为了教训或讽刺，用比喻的方法叙述某种事实的简洁惯用语。"우물（정）"的相关俗语较多，可进行以下分类（见表5）。

表 5 　"우물"的参构熟语分类

中韩相似俗语	우물 둔덕에 애 내놓은 것 같다	像把孩子放井沿上一样，放心不下。
	우물 안 개구리	井里青蛙
	우물에 든 고기	井中之鱼
	침 뱉은 우물 다시 먹는다	井里吐唾沫，又吃井水。
	눈을 겨다가 우물을 판다	拿着雪挖井，比喻愚钝、死脑筋。
	굴우물에 돌 넣기	深井里投石，无论如何都没有尽头。
	목마른 송아지 우물 들여다보듯	嗓子干的牛犊望井底，比喻干着急。
	목마른 놈이 우물 판다	嗓子干的人才挖井。
韩国独有俗语	우물을 파도 한 우물을 파라	挖井就挖一口井，一心一意。
	우물에 가 숭늉 찾는다	到井边找锅巴水，操之过急。
	우물고누 첫수	井字棋首招，孤注一掷。
	우물귀신 잡아넣듯 하다	像井里的水鬼拉替死鬼一样。
	우물꼬니에 첫 구멍을 막는다	堵住井字棋的第一个洞，先发制人。
	우물 들고 마시겠다	举井而饮，比喻性子急。
	굴우물에 말똥 쓸어 넣듯 한다	往井里扫马粪，不忌口，大吃大喝。
	김씨가 한몫 끼지 않은 우물은 없다	没有姓金的没喝过的井水，金姓多。

从韩国独有俗语也可以看出韩国社会的特点，例如，"김씨가 한몫 끼지 않은 우물은 없다"反映了韩国姓氏集中的特点，"우물에 가 숭늉 찾는다""우물 들고 마시겠다"反映出水井作为水源的重要性，同时也反映出韩国人性子急的特点。

可从三个方面对比"井"和"우물（정）"的参构熟语特征（见表6）。

表 6 "井"和"우물"的参构熟语对比

同形 同义 熟语	井底之蛙	우물 안 개구리
	口渴的牛犊望井底——解不了渴	목마른 송아지 우물 들여다보듯
	井淘三遍出水好	우물물은 퍼내야 고인다
同形 异义 熟语	落井下石	굴우물에 돌 넣기
	千里井不反唾	침 뱉은 우물 다시 먹는다
	小孩爬到井台上——太悬乎	우물둔덕에 애 내놓은 것 같다
形义 相近 熟语	一口井水食到底———一心一意	우물을 파도 한 우물을 파라
	一镢头想挖口井——急于求成	우물에 가 숭늉 찾는다
	井边卖水——多此一举	눈을 져다가 우물을 판다

中韩同形同义熟语较多，一方面是因为韩语受汉语影响较大，另一方面，中韩同属汉字文化圈，两国人民在文化认知方面具有相似性。同形异义熟语反映出中韩两国文化相似而又有别，同一语言的表达形式在不同人群中认知角度却存在差异，例如，"落井下石"比喻乘人危难时加以陷害，而"굴우물에 돌 넣기"比喻没有尽头；"千里井不反唾"强调知恩图报，而"침 뱉은 우물 다시 먹는다"强调做人做事要留有余地；"小孩爬到井台上——太悬乎"比喻情况危急；而"우물둔덕에 애 내놓은 것 같다"比喻放心不下。这些熟语描述素材相同但含义却不相同，反映了中韩文化的相似性和两国人民认识事物角度的差异性。形义相近熟语，反映了中韩两国先民围绕井这一事物从相近的角度表达对井文化的认知过程，熟语中以井为中心素材，添加其他素材和动作行为来表达相近的喻义，细腻地表现出中韩的文化共性。例如，"一口井水食到底———一心一意"和"우물을 파도 한 우물을 파라"（挖井就挖一口井），两者都是围绕着井而形成的熟语，但其动作行为却不同，前者强调吃井水，后者强调挖井，可是又巧妙地表达了相同的含义。因此，中韩文化共性也体现在语言层面上的相似性，该类熟语的语义也反映出相似文化背景下两国人民思维模式的相似性。

四、"井"和"우물"语义中的中韩文化共性

语言及语言的使用方式，不能超越文化而独立存在，不能脱离一个民族流传下来，是决定这一民族生活面貌和风俗习惯的信念体系，语言的发达和丰富，是整个文化发展的必要前提（戚雨村，1992）。当汉字传入朝鲜半岛时，汉字文化也在半岛开始生根发芽，从"井"和"우물"的参构词和参构熟语中可以清楚地看到这一点。水井作为农耕定居生活中不可或缺的水源，苏秉琦认为，水井与人类文明的起源和发展有着紧密的关联（苏秉琦，1994）[323]，水井的出现，促使了与井相关的语言表达的产生，不仅出现了描述井以及井的关联事物的基本语言，也产生了描述井文化内涵的一系列词汇和熟语，这些都成了井文化的活化石。中韩两国同属汉字文化圈，"井（우물）"的参构词和参构熟语承载并诠释着中韩两国的井文化，一方面，可以透过其了解两国语言的发展关系，另一方面，也可以通过语言文字来探索中韩井文化中所蕴含的共性，这一文化共性主要表现为汉字象形文化、空间认知文化和市井集群文化的共性特征。

（一）汉字象形文化

汉字为象形文字，"井"字便是其中代表之一，可以说"井"字的衍生语义很好地诠释了汉字"象—文—象"的过程，即"井"字由象形被描述为文字，又以文字本身字形为基础衍生出指称象形的文字群，这使得"井"字具有了空间含义，也成了中韩两国古人认识自然、描述自然的一种特殊方式。根据"井"的象形文化含义，可将其参构词和参构熟语分为以下三类。

1. 井字类

如"井字棋"，虽然这类词在指称意义上较为统一，但是从文字角度来看，井字极大地丰富了中韩语对格状或网状事物的描绘方式，类似词汇还有"井字架"、"정자문"（井字门）、"우물천장"（井字吊顶）等，特别是在线条结构的命名上，"井"字发挥了重要作用。"우물"虽为固有词，但

其构词构句方式和"井"字字形有直接关联，如"우물마루"（井字地板）、"우물고누 첫수"（井字棋首招）等反映了韩国人把格状事物与"井"字字形相联系的认知心理，从侧面反映出汉字对韩国社会的深远影响。从"井字手中纹，横财滚进门"也可以看出井字被赋予了美好的象征，如发财、好运等。

现代社会中，电子产品中的"#"在中国一般被称为"井号键"，在韩国被称为"우물 정"（井），这使得"井"字拥有了符号化的含义，其文化意义进一步扩大。对井号键的命名方式也反映出中韩语言发展过程的相似性以及汉字在韩语中的重要地位。

2. 井宿类

中韩文化交融相通，井宿一类的词汇在韩语中也存在，如"井宿"（정수）、"藻井"（조정）等词。《史记·天官书》记载："东井为水事"，古人认为井宿主水，井宿八星的形状又如井字，故名"井宿"。魏晋南北朝时期中国道教吸收了井宿主水的观念，将"月宿东井"日作为沐浴养生的吉日，这种观念发展至宋代逐渐被用于祭炼科仪中（孙瑞雪，2018）。因此，"井宿"这一词的来源不仅蕴含着井字的形义，也蕴含着中国古代哲学阴阳范畴里"井属阴"的道教思想，这对韩国社会也产生过重要影响。"藻井"（조정），《风俗通》记载："今殿作天井。井者，东井之像也。菱，水中之物。皆所以厌火也"。可见，该词包含着古人的消防意识和对井宿主水的认识，其中，"井"有两重含义，一为井字的象形含义，即方格状；二为"井"字所代表的物质形象"深凹状"，蕴含着古人对凹形空间的类比认知，如今，藻井文化在中韩古代建筑及现代美学领域都有所体现。"井水不犯河水"亦具有两层文化含义，一是指东井、北河、南河三个星座互不干扰、和谐共处的天文现象，二是指其现实意义，即地下水的井水和地表水的河流互不相通的现象，这两层文化含义被引申为人与人之间的互不侵犯。

3. 井田类

"井田"，该词不仅指形似井字的格状田地模样，还蕴含着中国古代的土地制度。《孟子·滕文公上》载："方里而井，井九百亩"，井田不仅为"井"字模样，更与古人日常生活中的水井有着密切的关系，古人聚井而居，井

田也象征着共用一井的群体。语言的发展和社会制度的引入相辅相成，井田制（정전제）作为一种具有综合性能的社会经济制度，在16世纪朝鲜王朝后期传入朝鲜半岛（朴赞勝，1986），并对韩国古代的土地制度产生了重要影响。《风俗通义》载："井，法也"，"井井有条""井然有序"等词不仅代指井田中的水井，还暗指法度和规则。

（二）空间认知文化

"井（우물）"的参构词和参构熟语中反映的空间认知文化主要体现在井的凹形特征上，即古人对凹形空间的认知。

1. 凹形空间的直观认知

"굴우물"一词意为"洞井"，即深井，现在也指首尔中区忠武路的一口古井，又称"굴정"，《首尔地名字典》中介绍了学者李敏求挖井助人的故事，即该词的由来。由于水井在空间上处于低势和凹陷，许多词汇中蕴含着古人对这种凹形空间的直观认知。"金井"（금정）、"取辖投井"（취할투정）、"井深槐树粗，街阔人义疏"、"우물에 든 고기"（井里的鱼）等也反映了中韩两国古人对凹形空间的直观认知。现代以来，词汇上对井的凹形空间意义认识更加深入，出现了"油井"（유정）、"가스정"（gas井）等借用"井"的凹形空间意义来描述新的凹形空间事物的词汇，从这些词汇的衍生方向，也可以看出中韩语言文化发展过程的相似性。

2. 凹形空间的危险性

从"避坑落井"（피감낙정）可以看出，在中韩两国人民的长期认知中，井这种凹于地面以下的空间被赋予了和坑一样的危险性质，"落井下石"（낙정하석）、"金瓶落井"等词汇也体现了这一点。熟语"小孩爬到井台上——太悬乎"、"우물둔덕에 애 내놓은 것 같다（像把孩子放井沿上一样，放心不下）"，更是对井的危险性的通俗性描述，反映了中韩两国人民在长期生活中对这种凹形空间危险性的相同认知，也反映了井对古人生活起居的双重影响。

3. 凹形空间的神秘性

"祭井"一词在韩语中为"우물굿","굿"意为"跳大神，神祭"。古代科技不发达，古人对地下世界，即这种凹形空间的认识不足，由此赋予了"井"丰富而又神秘的文化含义。中韩两国都视"伯益"为井神，而且认为井中有井龙王，连接着更大的龙宫。中国古代多信仰神，井神就位列其一，《论衡·祭意》言："五祀，报门、户、井、灶、室、中霤之功"，中国古代多岁时祭井、遇旱祭井，或二月二由水井引龙、领龙。韩国古代多将井视为神圣之地、国王的出生地而予以祭祀（권오영，2008），从 2015 年韩国汉江流域井遗址中出土的桃核、动物骨骸等遗物也反映出这一点（황보경，2015）。"井神"和"龙井"两词，深刻反映了从井这种凹形空间衍生出的古人的神秘信仰，井不仅仅作为一种生活生产工具，还是古人祈雨、保平安、求福运的一种信仰。"우물귀신 잡아넣듯 하다"（像井里的水鬼拉替死鬼一样），反映韩国古人对井神秘性的双重认知，即神圣性和邪恶性，这与中国对井文化的认知相似。可见，在约定俗成的语言当中，蕴含着古人的自然认知、价值信仰以及丰富的文化含义。

（三）市井集群文化

中韩两国文化相近，水井多被用于饮用、储藏、灌溉等，同时也是聚集交易的重要场所。"市井"（시정）这一词象征着悠久的市井文化，《汉书·货殖传序》载："凡言市井者，市，交易之处：井，共汲之所，故总而言之也"，中国最早的商业活动就出现在水井边，居民打水时进行物品交换，这一现象在城镇和都邑更为明显，逐渐便以"市井"来代指城镇（宣炳善，1998），可见，"市井"一词的由来与古人环井而居的生活文化息息相关。"시정배"（市井辈）、"市井之徒"（지정지도）、"市井无赖"等词反映出水井具有重要的聚集功能，同时，随着井边商业的发展，使得重农抑商的中韩古代社会对商人产生了不满情绪。从"市井"（시정）的现代意义来看，市井文化作为一种现代城市的通俗文化，依然体现着现代城市居民的生产生活方式、价值信仰以及审美情趣等特征（鲍懿喜，2012）。"市井"（시정）

一词，从成词到不断发展过程中都在不断吸纳新的文化含义，并在原词的基础上扩展新的词汇，体现了语言和文化的交相发展过程。

五、结语

"凿井而饮，耕田而食"，井深刻影响着中韩两国的文明发展。"井"和"우물"的起源语义透露着中韩语言文字的基本差异，"井"字为独体字，直接起源于象形，"우물"为合成词，由"움"（坑穴）和"물"（水）组合而来，两者的参构词和参构熟语不仅反映出汉字在韩语中的重要地位及汉语对韩国文字词汇的深刻影响，而且还反映出中韩井文化中的汉字象形文化、空间认知文化以及市井集群文化的共性特征。围绕"井"和"우물"，按照字到词，词到句，语言到文化的脉络分析，井在中韩两国的语言发展和文化创造上都具有不可替代的价值，在相互之间的语言差异中，交融贯通着彼此的文化共性，也体现着以汉文化为中心的东亚文化共同体的文化共性。

参考文献

구미래, 2002. 우물의 상징적 의미와 사회적 기능 [J]. 비교민속학,（23）: 314.

권오영, 2008. 성스러운 우물의 제사 [J]. 지방사와 지방문화,（11）: 222.

朴贊勝, 1986. 丁若鏞의 井田制論 考察 [J]. 역사학보,（110）: 105.

崔昌烈, 1984.「우물」과「맑다」의 語源 [J]. 敎苑,（1）: 32.

황보경, 2015. 한강 유역 古代 우물에 대한 試論의 연구. 신라사 학보,（33）: 144.

鲍懿喜, 2012. 历史文化街区的空间特性 [J]. 人文地理,（27）: 51.

陈忠来, 1993. 河姆渡文化探原 [M]. 北京：团结出版社：68.

李孝定（编），1970. 甲骨文字集释卷首第 2 卷 [M]. 台北："中央研究院"历史语言研究所：134.

刘宝俊, 1997. 汉字—汉族历史文化的索引 [J]. 中南民族学院学报（哲学社会科学版），（2）: 95.

陆锡兴, 2018. 汉字传播史 [M]. 北京：商务印书馆：446.

庞小霞, 2008. 释井——兼论甲骨文、金文中井（邢）方、井（邢）氏、井（邢）国之关系 [J]. 中国历史文物,（6）: 43.

戚雨村，1992. 语言・文化・对比 [J]. 外语研究，（2）：3.

苏秉琦，1994. 中国通史（第二卷）[M]. 上海：上海人民出版社：323.

孙瑞雪，2018. 清洁身心与炼质荡形：道教井宿信仰探析 [J]. 宗教研究，（3）：61.

谈大庆，2002. 浅谈 "井" 字的起源与发展 [J]. 东南文化，（1）：61-62.

涂师平，2017. 水文化遗产鉴赏系列 从河姆渡水井谈井文化 [J]. 中国三峡，（12）：10.

王德春，1983. 词汇学研究 [M]. 济南：山东教育出版社：50.

王硕荃，2006. 朝鲜语语汇考索 据《鸡林类事》条目 [M]. 天津：天津古籍出版社：1.

吴裕成，2010. 中国的井文化 [M]. 北京：中国国际广播出版社：279.

许慎，1963. 说文解字 [M]. 北京：中华书局：106.

宣炳善，1998. 中国古代 "井" 的三重文化意蕴 [J]. 华夏文化，（1）：11.

严志斌，2020. 霸伯簋铭文校议 [J]. 故宫博物院院刊，（5）：89.

On the Origin, Semantic and Cultural Commonness of "jing"(井) and "umul"(우물)

YAN Renju, YIN Yunzhen

Abstract: Language is the living fossil of culture. In Chinese, the character "jing" (井) comes directly from the pictographic description of the well and is a single character. The character "jing" has derived many derived words and derived idioms with its unique word-forming ability; In Korean, the inherent Korean word "umul" (우물) has undergone the evolution process of " 움믈 " –" 우 믈 " –"우물", and it is a compound word. "umul" adapts to the character "jing", and also derives various kinds of derived words and derived idioms. The origin semantics of "jing" and "umul", as well as their derived words and derived idioms, reflect various cultural commonalities in the Han cultural circle that the Chinese and South Korean well cultures have, and its deep meaning is that "jing" and "umul" have the characteristics of pictographic culture of Chinese characters, cognitive culture of spatial and cluster culture of city.

Keywords: jing (井); umul (우물); semantic; well culture; cultural commonness

（责任编辑：刘钊）

国别与区域研究

政治转型以来缅甸女性参与政治选举的实证分析

孔建勋　　李兰

内容提要：2010 年缅甸开启的政治转型给女性参政提供了广阔的舞台。相较于其他东南亚国家，缅甸女性的政治参与有所缺失。通过对缅甸三次大选中女性议员的议席、当选率、年龄、党派、学历的变化趋势与影响因素进行分析，可以看出，政治转型后议会中女性议员占比稳步提高，女性与男性候选人当选率差距逐年缩小，老年女性议员比例增加，年轻女性议员比例减少，来自全国民主联盟（简称民盟）的女性议员占比上升，来自联邦巩固与发展党（简称巩发党）的女性议员占比下降，拥有博士学位的女性议员在 2010 年比例最高，且多数来自巩发党，拥有高中学历的女性议员则较多来自民盟。在缅甸政治转型后参政环境逐渐宽松、前执政党民盟内部性别平等凸显及昂山素季个人魅力加持等因素影响下，女性政治参与水平不断提高。女性参与政治选举也反映了民盟的"文学"特色、老年政治的顶层困境以及缅甸权力架构中政党力量的较量。

关 键 词：缅甸女性；政治参与；民盟；选举

作者简介：孔建勋，云南大学"一带一路"研究院教授，博士生导师，主要从事东南亚政治社会学研究；李兰，云南大学外国语学院硕士研究生，主要从事缅甸媒体涉华报道、女性主义研究。

一、问题的提出

缅甸女性具有积极参与政治生活的传统。早在 1919 年，缅甸各地妇女、佛教徒等爱国人士在缅甸佛教青年会基础上，成立了缅甸各团体总会。受甘地非暴力不合作运动影响，1919 年成立的第一个妇女组织——缅甸妇女协会（Burmese Women Association），大力鼓励民众不与外国人结婚、抵制外国服装、拒绝纳税，鼓励女性生产民族服饰以反抗殖民经济，支持国内传统手工业经济发展。1938 年"我缅人协会（德钦党）"发动石油工人罢工，"我缅人协会"中的女性成员——"德钦玛"（Thakin Ma）积极组织募捐，支持工人和农民参加罢工抵制运动，为进军仰光的工人分发药品和食物。1931 年 11 月至 1932 年 2 月，杜妙盛（Daw Mya Sein）作为缅甸女性代表前往英国伦敦参加缅甸圆桌会议，呼吁应该不分性别、民族、宗教，让每个缅甸公民平等享有选举权。

1948 年缅甸独立后，女性政治参与程度降低，在议会中的席位占比长期维持在 2% 左右，从未超过 5%（范若兰，2016）。2011 年，吴登盛（U Thein Sein）民选政府上台后，加大改革力度，民众长期被压抑的权利意识得到松绑，经过十年政治转型，更多女性有机会参加竞选并进入缅甸代议机构，她们积极行使民主权利，活跃在国家公共事务的各个领域中。2020 年大选有近 900 名女性参与，成为缅甸选举史上女性参选人数最多的一次大选。[1]2021 年军方接管政权后，国内"Z 世代"年轻人发起了以反军方、反独裁、反种族主义和反性别歧视为核心的"公民不服从运动"（Civil Disobedience Movement，简称 CDM），一些女性议员利用自身在社交媒体上的影响力，动员群众积极参与反抗军方的武装行动。

虽然缅甸女性政治参与的热情和勇气在不断提升，但是真正能够进入决策层和领导层为女性发声的代表却是少数。根据各国议会联盟和联合国妇女署发布的《2019 年女性参政地图》[2] 和《2021 年女性参政地图》[3]，2019 年缅甸女性议员在联邦议会中占比为 11.57%，在全球排名 158 位（共 191 位），2021 年占比为 14.98%，在全球排名 141 名（共 188 位），排名有所提升。但 2019 年缅甸女性在担任部长级别职务的官员中占比为 3.7%，在全球排名为

---

[1] 资料来源于《今日缅甸》官网（读取日期：2021 年 7 月 18 日）。

[2] 资料来源于联合国妇女署官网（读取日期：2021 年 10 月 25 日）。

[3] 资料来源于联合国妇女署官网（读取日期：2021 年 10 月 12 日）。

175 名（共 178 名），2021 年该比例为 4%，全球排名 176 名（共 182 名），远远低于全球 24.3% 的平均水平。此项数据表明，虽然越来越多的女性代表进入缅甸代议机构，但在高层重要职位中，女性仍然被边缘化。

综上所述，在缅甸政治转型进程中，女性政治参与的广泛性和积极性在不断提高，女性社会地位也得到了一定程度的改善，但在高层政治领域中女性的决策权和话语权仍然较低。本文首先探讨在 2010 年、2015 年和 2020 年 [1] 三次大选中缅甸女性政治参与的表现特点以及变化特征，进而分析缅甸女性政治地位的发展阶段以及其中的制度因素。

二、缅甸女性政治参与的既有研究

"在任何社会，妇女解放的程度是衡量普遍解放的天然标准。"（马克思等，1995）妇女的政治参与状况是衡量一个国家或民族妇女解放和社会文明程度的重要尺度之一。

20 世纪 60 年代开始，缅甸女性社会地位较高的观点盛行于缅甸研究学界，持这种观点的学者认为：由于缅甸母系社会文化的延续，女性享有与男性平等的社会地位，因此能够广泛地参与政治生活，与男性共同经营家庭、管理村庄、治理国家。缅甸女性没有受到歧视，因此也没有必要进行争取平等权利的妇女运动。

蒲甘时期，女性拥有财产支配权，可以将土地和奴隶敬献给寺庙，女性结婚后，不像西方国家改随夫姓，其婚前地位得到延续（Than，2003）[142]。1913 年英国学者詹姆斯·乔治·斯科特（James George Scott）认为，"缅甸女性比任何东方国家的女性都有更自由更幸福的地位"（Scott，1913）。女性拥有独立的财产所有权、平等的财产继承权，独特的命名制度、灵活的婚后居处安排，这些无一不体现了缅甸妇女享有自由而独立的地位。缅

---

[1] 2021 年 2 月 1 日缅甸军方以民盟在 2020 年大选中存在舞弊行为为由，接管国家政权，但本文仅以缅甸女性议员在三次大选中的个人政治参与客观信息为研究基础，数据来源于官方公布，对于投票和计票中舞弊行为，以及军方对民盟的处理结果，不在本文研究范围之内。

甸女性在家庭生活或经济活动中，有着独特而令人羡慕的社会地位（Than，2003）[5]。在缅甸被殖民统治时期，缅甸政治家、知识分子和社会精英把"女性高地位"作为他们反抗殖民统治、追求自治的合理证明，他们以本土的"女性高地位"来对抗殖民者、殖民文化的优越性（Chie，2005）。

直到 21 世纪初，学术界才出现了关于缅甸女性社会地位的新看法。日本学者池谷千惠（Chie Ikeya）认为"有关该地区女性地位的说法过于简单化，而且存在很大问题"（Chie，2006）。池谷千惠指出，尽管女性拥有较自由而独立的社会地位，但是缅甸社会普遍接受男性拥有统治地位和领导地位的事实，"较高社会地位说"虽然一定程度上反映了女性的社会地位和家庭地位，但过于简单地将社会地位与政治参与程度进行类比，不能很好地解释缅甸女性的政治参与状况。缅甸女性拥有较高的社会地位和经济地位，但这并不一定能转化为政治上的高参与度（Scott，2012）[39]。

此外，学者们主要从社会规范的影响、军人政权等角度出发，认为缅甸社会性别差距较大，女性政治参与程度较低。传统威权政治与保守政治文化很大程度上造成了女性与男性政治地位的不平等，同时男权家庭观念突出了男性在家庭中的统治地位，强化了女性在家庭中的从属地位（Than，2009）。军人政府统治期间，军人统治阻碍了妇女参政，缅甸妇女地位也没有得到提高。[1]

综合来看，既有文献对于缅甸女性政治参与的研究主要经历了两个发展阶段。在第一阶段中，"女性较高社会地位论"盛行，学者们认为女性能够广泛参与政治活动。该观点没有认识到经济地位和社会地位不一定直接地转化为政治权利和政治地位。第二阶段，学者们对于造成女性政治参与度低的原因做了较多分析，但是还没有研究从历时角度出发，结合缅甸国内政治环境，对比分析 2010 年、2015 年和 2020 年三次大选中女性参政的表现和特点，探究缅甸女性政治参与的动态变化。

缅甸女性参政是一个深刻而复杂的问题，本文拟从大选中女性议员的参政状况这一角度入手，通过缅甸联邦选举委员会、缅甸联邦议会、缅甸

---

[1]　资料来源于缅甸妇女联盟官网（读取日期：2021 年 9 月 8 日）。

各省邦议会等网站收集女性候选人、女性议员的基本信息，采用比较研究法，纵向分析三次大选中女性参政情况的变化特点和背后深层次的制度因素，横向比较女性议员与男性议员、女性候选人与男性候选人参政过程中在各个领域的差距及变化特征，并分析造成这种特征的影响因素，以求能够客观而深入地反映近年来缅甸女性参政状况及变化。

三、缅甸女性参与历次大选的变化趋势分析

通过收集和整理数据，本文从女性议员候选人占比、当选率、年龄、所属党派、学历等几个维度进行统计描述和分析探讨，相关统计结果见下文。

（一）从席位占比看女性议员比例变化

为便于分析和统计，笔者以年份为单位，将每年在联邦议会和省邦议会的女性议员相关信息和数据进行整合归纳，发现：在联邦议会中，女性候选人比例从 2010 年的 5.45% 上升为 2020 年的 16.17%；省邦议会中，女性候选人比例从 2010 年的 3.49%，上升为 2020 年的 18.36%，进一步分析数据详见表 1。

表 1   缅甸三次大选中女性候选人数量统计 [1]

时间（年）	人民院			民族院			省邦议会		
	2010	2015	2020	2010	2015	2020	2010	2015	2020
候选人总数（位）	989	1,733	1,565	479	886	779	1,720	3,419	3,295
女性候选人数（位）	47	227	228	33	115	151	60	441	605
女性占比（%）	4.76	13.10	14.57	6.89	12.98	19.39	3.49	12.9	18.36

---

[1] 数据由笔者根据缅甸联邦委员会公布的选举名单和数据整理得出。

第一，2010 年大选中参加竞选的女性候选人比例较低，且在联邦议会和省邦议会中的比例相差不大，但呈逐年上升趋势，且增速较快。第二，三次大选中，男性候选人在联邦议会和省邦议会中比例相当，但是占比呈逐年下降趋势。第三，男女候选人在联邦议会和省邦议会中参选比例仍然有较大差距，但差距在逐渐缩小。

据缅甸最新两次人口普查数据，即 2014 年和 2019 年数据，女性人口占总人口的比重分别为 51.78% 和 53.2%。[1] 但在 2010 年缅甸大选中，女性参选比例远低于女性在全国人口中占比，这反映了缅甸女性参政意识和参政水平远低于男性。由于军人政权过去几十年的限制，妇女的参政意识和参政水平较低，但经过十年的政治转型，2020 年大选时这一状况有所改变（见表 2）。

表 2　三次大选中男、女议员及议席占比和当选率统计 [2]

时间（年）	人民院			民族院			省邦议会		
	2010	2015	2020	2010	2015	2020	2010	2015	2020
议席数 [3]（个）	330	323	315	168	168	161	673	659	641
女性席数（个）	14	42	50	6	23	23	24	81	111
女性议席数占比（%）	4.24	13	15.87	3.57	13.69	14.29	3.57	12.29	17.32
女性议员当选率（%）	29.79	18.50	21.93	18.18	20	15.23	40	18.37	18.35
男性议员当选率（%）	33.55	18.66	19.82	36.32	18.81	21.97	39.10	19.41	19.70

从表 2 可以看出，联邦议会中，女性议员议席占比从 2010 年的 4.02% 上升为 2020 年的 15.34%；省邦议会中，女性议员议席占比从 2010 年的 3.57% 上升为 2020 年的 17.32%。就当选率而言，2010 年在联邦议会中男性议员与女性议员当选率相差 9.44%，而在省邦议会中两者相差 9.17%，到 2020 年，两者基本持平，当选率差值分别为 1.25% 和 1.5%。

据上述数据可知，首先，三次大选中女性议员候选人比例、在议会中

---

[1]　资料来源于缅甸移民与人口部网站（读取时间：2021 年 10 月 13 日）。

[2]　数据由笔者根据缅甸联邦委员会公布的选举名单和数据整理得出。

[3]　联邦议会和省邦议会中的议席数不含军方议员所占议席。

席位占比的具体数值和变化趋势近乎一致。这在一定程度上反映了提高女性候选人参选比例,有助于改善联邦议会和省邦议会中女性议员占比。其次,女性在议会中获得议席比例逐渐提高,也正逐渐接近世界平均水平和亚洲平均水平。2021年4月,各国议会联盟(International Parliamentary Union)公布数据,指出全球各国女性议员在议会中的席位占比平均为25.5%,在亚洲地区则为20.4%。[1] 但在缅甸,女性与男性在议会中占比差距仍较大,且2010年女性议员在议会中占比非常小。最后,男性议员与女性议员当选率逐渐持平。虽然男性议员在议会中所占比例远远高于女性议员,且参加竞选的男性议员比例也高于女性,但就当选率而言,两者差距逐渐缩小。参加竞选的男性候选人比例大,人数多,但竞争也相对激烈,经过十年发展,缅甸女性议员参政积极性不低于男性,女性候选人在民众中的认可度也不低于男性候选人。

(二)从年龄特征看女性议员比例变化

从数据分析可知,总体上议会中女性议员最大年龄从2010年的66岁升高到了2020年的76岁。70岁及以上的老年女性议员比例从2010年的0增加到2015年的4.8%和2020年的6.5%,而30岁及以下的年轻女性议员比例下降,由2010年6.25%逐渐减少到2015年3.4%和2020年2.72%。[2] 因此三次大选中老年女性议员比例上升,年轻女性议员比例下降。

全国民主联盟(以下简称民盟)在2015年和2020年大选中都获得了压倒性胜利,获得了绝大多数席位,议会中女性议员年龄变化也从一个侧面反映了民盟内部"男性老人政治"的顶层困境。在民盟高层领导人中,名誉主席吴丁乌(U Tin U)95岁,民盟主席杜昂山素季(Daw Aung San Su Kyi)75岁,民盟副主席吴温敏(U Win Myint)71岁,民盟书记处书记吴良温(U Nyan Win)80岁,其他重要成员如人民院副主席吴通通汉(U

---

[1] 资料来源于联合国妇女署官网(读取日期:2021年10月1日)。

[2] 数据由笔者根据缅甸联邦委员会公布的选举名单和数据整理得出。

Htun Htun Han）也已经 73 岁。[1] 民盟高层主要由跟随昂山素季一起为缅甸民主斗争的资深成员组成，这些党员都已至耄耋之年，党内却没有出现出类拔萃、动员能力强的新一代接班人，所以形成了一批男性老年党员参选的现象。这在一定程度上提高了议会中包括女性议员在内的议员的平均年龄和最高年龄，也增加了老年女性议员的比例。而 30 岁以下女性议员占比减少，也说明了民盟对青年党员的吸引力较弱，这一问题将在后文做详细分析。

（三）从党派构成看女性议员比例变化

从女性议员的党派构成来看，来自联邦巩固与发展党（以下简称巩发党）的女性议员的比重从 2010 年的 59.1% 急剧下滑到 2015 年的 2.15% 和 2020 年的 1.1%，而民盟的女性议员从 2010 年的 0 迅速上升到 2015 年的 88.4% 和 2020 年的 87.5%。从党派的族群属性来看，来自少数民族政党的女性议员从 2010 年的 40.9% 锐减到 2015 年的 9.6% 和 2020 年的 11.4%。[2] 因此三次大选中，来自巩发党的女性议员比例下降，来自民盟的女性议员比例上升，少数民族政党的女性议员比例先降后升。

造成这种局面的主要原因，其一是民盟抵制 2010 年大选而放弃参加竞选，巩发党在大选中鳌头独占，获得议会中绝大多数席位。然而，在三次大选中，来自巩发党的女性议员比例逐年下降，反之，来自民盟的女性议员席位却逐年上升，这一定程度上反映了在缅甸政治权力架构中，民盟与巩发党的较量结果。其二，除巩发党与民盟外，各少数民族政党也是缅甸政治力量结构中的重要组成部分。在 2010 年大选中，由于民盟没有参加选举，各少数民族政党获得了较多席位，女性议员比例也较高。在 2015 年大选中，少数民族政党依然获得了较多席位，但相对于 2010 年大选而言，少数民族政党席位占比并不高且有所下降。

---

[1] 数据由笔者根据全国民主联盟官网整理得出。

[2] 数据由笔者根据缅甸联邦委员会公布的选举名单和数据整理得出。

（四）从学历信息看女性议员比例变化

统计联邦议会和省邦议会的女性议员学历信息后发现，三次大选中的女性议员学历以学士学位为主，比例分别为：67.4%、64.4% 和 71.9%。拥有博士学位的女议员占比 2010 年最高（15.2%），随后呈递减趋势，2015 年和 2020 年分别仅有 4.1% 和 2.8%，且大多来自巩发党。三次大选中高中学历的女性议员分别为 6.5%、5.5% 和 5.5%。因此三次大选中，女性议员以学士学位为主，在 2010 年大选中博士学位比例最高，部分议员为高中学历。

女性议员的受教育水平一定程度上反映了整个缅甸国民的受教育程度。缅甸的教育事业无论在师资力量、教学设备还是教学方法上都滞后于其他大多数东南亚国家。虽然缅甸全国整体识字率比较高，但全国人口中受过高等教育的人口比例并不高，且由于家庭收入较低、经济较为困难等因素，很多青少年儿童不得不中途辍学。

进一步分析发现，在三次大选中，具备高中学历的女性议员共有 21 名，其中 3 名来自巩发党，2 名来自掸邦民族民主党（The Shan Nationalities Democratic Party，简称 SNDP），1 名来自傈僳民族发展党（The Lisu National Development Party，简称 LNDP），其余 15 名均来自民盟。究其原因，一方面，受经济发展水平影响，缅甸少数民族地区教育发展水平低于缅族聚集的经济发展地区，曼德勒省、内比都识字率最高，均超过 92%，而克伦邦（72.6%）和掸邦（80.7%）识字率最低，[1] 所以，一部分少数民族女性议员受教育程度较低。另一方面，这一数据也反映了民盟内部党员文化素质的高低。民盟党员的素质在一定程度上也影响其执政效率。巩发党执政时期议员提出的议案有 127 条通过，民盟执政时期，仅有 29 条通过。"[2] 不仅是女性议员，民盟政府执政时期，其议员整体文化素质相对于巩发党执政时期而言都有所下降。

---

[1] 资料来源于缅甸移民与人口部网站（读取时间：2021 年 10 月 13 日）。

[2] 资料来源于英国广播公司缅甸语频道网站（读取时间：2021 年 10 月 8 日）。

四、缅甸女性议员参与政治的影响因素

通过上文分析发现，2010—2020 年缅甸女性议员的参政状况有所改善，例如，参与竞选的女性候选人比例逐年提升，女性议员在议会中比例增加并逐渐接近世界平均水平，男、女议员当选率差距逐渐减小并趋于一致。但也存在一些问题，例如，在竞选中女性与男性的候选人比例差距仍较大，在议会中男女议员占比差距依然悬殊。同时，女性在政治参与过程中呈现出起步晚、程度低、发展慢的特点，这也间接反映了缅甸的政治生态。

（一）女性议员占比提升的影响因素

1990 年，缅甸军方第一次政治转型尝试失败，2010 年在"七步民主路线图"指引下举行大选，开启第二次民主转型。吴登盛政府于 2011 年 3 月 30 日就职后，以改革为核心，朝着多党议会民主制、宏观调控的市场经济和全国和解的方向大步迈进（祝湘辉，2012）。在此后十年的政治转型进程中，军人集团精英与其他党派精英，在妥协让步中逐步出现了良性互动，为包括为广大女性在内的缅甸民众的政治参与提供了一个宽松环境。

第一，女性言论自由空间扩大，参政环境改善。日本国际合作机构（Japan International Cooperation Agency）在 2010 年大选前 6 个月进行的抽样调查发现，接受调查的缅甸年轻男性政治意识远远高于年轻女性，42% 年轻男性有非常高的政治意识，而女性比例只有 17%（Marie et al，2013）。而到 2021 年军方接管政权后，缅甸民众走上街头抗议游行，示威罢工，相对于以往缅甸历史上爆发的游行示威活动，此次抗议中女性表现得更加积极。在 2021 年的"公民不服从运动"中，女性和少数民族也积极投身于抗议活动。女性以缅甸政治危机为契机，重塑女性社会角色，成为革命中的重要力量。据当地非政府组织性别平等网络（Gender Equality Network）的数据显示，此次抗议活动中超过七成的组织者是女性。

2011 年吴登盛政府上台后，在政治领域加大改革力度，放松出版审查，提升新闻自由度，减轻对媒体的控制，被压抑近 60 年的缅甸民众的言论自

由空间扩大。根据亚洲中心（Asia center）分析，在 2010—2020 年，缅甸数字基础设施迅速发展、网络连通性增强、网络环境逐步自由，新闻审查放宽。军人执政时期，女性政治权利被压制，谈政色变；政治转型后，缅甸妇女积极参与公共政治生活，政治参与的体验感和获得感增强。

第二，女性受教育程度改善，参政能力提升。在 2010—2020 年，随着缅甸教育进步，越来越多的缅甸女性能够接受更高质量的教育。据缅甸移民与人口部数据，2019 年全缅女性识字率已达到 86.3%。[1] 通过比较发现，就入学率而言，缅甸女性儿童在 5 岁的入学率从 2014 年的 30% 上升到 2019 年的 65%，而 20 岁入学率从 10% 上升到 35%。[2]

正如安东尼·奥罗姆所说，社会经济地位是影响一个人政治参与的首要因素，两者之间有着十分明显的相关性（佩特曼，2006）。受教育程度越高、越富裕，就越有可能对政治感兴趣，越有可能具有政治效益意识（格林斯坦等，1996）。缅甸女性受教育程度提高，权利意识增强，视野更加开阔，因此能更积极地参与公共政治生活。

第三，民盟内部两性平等程度高、昂山素季个人魅力激励女性参政。议会中女性候选人、女性议员比例提高，与昂山素季领导的民盟在 2015 年和 2020 年大选中获胜有密切关系，民盟内部两性平等程度、昂山素季对女性参政的积极鼓励和大力号召，鼓舞了缅甸女性参与政治的热情和积极性。回顾 1990 年大选，女性候选人在 2,296 名候选人中占 84 名（3.7%），赢得 15 个席位（占比 3.4%）（Belak et al，2002），且均来自民盟（Harriden，2012）[65]。进入政治转型以来，与巩发党相比，民盟中女性议员比例要高得多，也明显高于其他大多数政党（Minoletti，2019）[657]。2013 年，民盟通过了一项政策，在将能力作为选拔首要标准的同时，优先选拔女性、年轻人和少数民族公民加入（Minoletti，2019）[672]。女性在党内能够晋升到高级行政职位，表明昂山素季鼓励女性参与政治，为女性参与领导和参加决策创造了新的机会（Harriden，2012）[76]。

---

[1] 资料来源于缅甸移民与人口部网站（读取时间：2021 年 10 月 13 日）。

[2] 资料来源于英国广播公司缅甸语频道网站（读取时间：2021 年 10 月 8 日）。

（二）女性议员年龄偏高的影响因素

三次大选的结果表明，老年女性议员占比上升，年轻女性议员占比下降。由于 2015 年和 2020 年两次大选中来自民盟的女性议员占比拥有明显优势，2015 年占比 88.4%，2020 年占比 87.5%，女性议员的年龄变化在一定程度上与民盟的政党建设、人才培养体系密切相关。

民盟面临着老年政治困境和权力架构中心化的问题。1988 年，缅甸爆发大规模经济危机，政局一度混乱，缅甸学生进行了大规模游行示威活动，后发展成为全国规模的示威活动，民盟在此背景下产生，以推翻军人政权、建立民主化缅甸为目标，其反军人统治的斗争方向和作为民意呼声的代表，吸纳了不少政治人士。在国内政局动荡背景下成立的民盟，为推进其政治理念，实现其执政合法性，以及为化解内部出现的斗争和分裂，逐渐加强了对党内组织的控制，并形成了以昂山素季为代表的高度集权化的权力中心。

权力出现固化，新人上升缓慢，民盟内部老年化问题也逐渐凸显，男性老人政治困境阻碍了民盟对青年选民的吸纳，弱化了其对社会精英的吸引，2018 年 6 月缅甸民盟新一届中央执行委员会组成后，21 名中央执行委员年龄构成是，70 岁以上的 3 人，65—69 岁的 14 人，65 岁以下的 4 人，中央执行委员会书记处成员平均年龄为 70 岁（汤伟 等，2019）。昂山素季个人强烈的人事掌控欲望和政党内部的集权和权力固化，加上民盟忽视人才培养体系建设的问题，使得民盟包括女性在内的老年党员面临着无合适接班人选的尴尬局面。

（三）女性议员党派分布变化的影响因素

在 2015 年和 2020 年两次大选中，来自民盟的女性议员占比远远大于来自巩发党的女性议员。从党派和族群构成看，来自民盟和巩发党的女性议员的占比变化反映了缅甸权力结构中不同政党力量的较量，民盟在 1990 年大选中脱颖而出，但因军方拒不交权，此次选举落空；2010 年大选中民盟拒绝参加；2012 年补选期间民盟在 45 个补选议席中获得 43 个席位，在缅甸政坛崭露头角。在 2015 年大选中，民盟赢得了联邦议会和省邦议会 75%以上的议席（李晨阳，2017）。虽然外界对民盟的执政能力褒贬不一，但其在议会中的席位占比反映了该党在缅甸社会中的坚实的民众基础和在缅甸政坛重要的影响力。2021 年 2 月 1 日，缅甸军方接管政权，也有出于对缅甸政治转型进程中使命感和危机感的考量，担忧民盟在缅甸政治权力架构中影响过大，从而不能按照军人政权所设计和引领的政治转型方向渐进式前进。

来自少数民族政党的女性议员的比例先下降后有所回升，很大程度上是因为党建资源缺乏、战争冲突频发，少数民族政党没有建立起系统有效的政党组织体系（Stokke et al，2015）[33]。薄弱的组织不利于其培养出强有力的领导人，提出切实可行的政治纲领，导致少数民族政党仅代表了本地区、本民族少部分群体利益，对于缅甸的长远发展缺乏整体规划。在与资金充足、资源丰富、组织完善、全国知名人物领导的民盟、巩发党的竞争中，以少数民族政党为代表的小党，显得力单势薄。2015 年，少数民族地区选民将选票投给民盟而没有投给当地的少数民族政党，也是出于对民盟的期待和信任，希望将选票投给一个更有机会组阁的政党，以解决多年的民族矛盾和民主问题。而到了 2020 年大选，由于民盟五年的执政成果没有达到选民预期，以及缅甸简单多数制选举制度的影响，少数民族地区选民转而将选票投给少数民族政党。因此在 2020 年大选中来，自民盟的女性议员比例相较于 2015 年略有下降，而来自少数民族政党的女性议员比例有所上升。

（四）女性议员学历偏低的影响因素

如上文所述，来自民盟的女性议员在两次大选中占比拥有明显优势，女性议员的学历变化与民盟内部人才培养体系和政党建设有密切关系。分析女性议员学历构成，发现来自民盟的女性议员的整体受教育程度存在一定局限，这与民盟内部党员发展和管理机制有关。数十年的威权统治和闭关锁国，使缅甸缺乏一支训练有素的文官队伍（李晨阳 等，2020）。民盟在吸纳党员的过程中，主要通过职业教育或远程教育对内部党员进行培训，昂山素季认为远程教育是最容易获取文凭的一种教育方式，致力于推动远程教育发展，使其成为传递知识、普及教育的主要模式。[1] "我们国家的教育培养出的学生水平不一，对职业教育的重视也不够，教育部会加强对职业教育的投入，也希望得到大家的支持。"[2] 昂山素季在各种场合表达了对教育的重视，同时也加大力度，采取最迅速的方式提升党员素质，提升党内成员治理国家和社会问题的能力。但短时间内的集中培训，并不能改变民盟党员在解决缅甸社会问题时专业能力匮乏的现状。

民盟政府被称为最具文学思维的内阁（李晨阳，2016）。民盟执政期间，作家和诗人为专业背景的议员占比，较巩发党执政时期也有所增加。"2015年大选后，专业背景为医生的议员占比在整个联邦议会中达9%，法学专业背景的议员占比为12%，较2010年呈大幅度上升。来自省邦议会的五位获得医学学位的议员当选了部长级别的职位。"[3] 党员的受教育程度和受教育水平在一定程度上影响了民盟政府的执政效率。

五、结语

回顾2010年缅甸政治转型以来的三次大选，不难发现女性的政治参与水平与积极性得到提高，参选率和当选率不断提升，政治转型使包括妇女在内的缅甸民众的权利意识逐渐苏醒。过去十年缅甸网络自媒体逐渐普及，女性政治参与环境改善，女性受教育水平提高，也促进了缅甸女性政治参与水平的提升。昂山素季对女性政治参与的鼓励与支持，民盟内部高于其他政党的性别平等和民主化程度促进了女性政治参与的发展水平，使议会中女性所占席位的比例和数量不断上升。

---

[1] 资料来源于英国广播公司缅语频道官网（读取时间：2021年10月8日）。

[2] 资料来源于《缅甸前沿》官网（读取时间：2021年9月28日）。

[3] 资料来源于缅甸移民与人口部网站（读取时间：2021年10月13日）。

　　女性政治参与不是孤立存在的景象，它与缅甸政治生态息息相关。来自少数民族政党的女性议员比例下降后回升，是缅甸各政治力量竞争与较量的结果。女性议员的年龄升高所反映的老龄化问题与民盟内部政党组织权力固化、权力架构中心化有关，反映了民盟内部无合适接班人的尴尬局面。三次大选中女性议员的学历变化，体现了民盟人才培养体系的局限性，以医学和文学为主要专业背景的民盟党员，在解决缅甸内部复杂的民族、经济、政治等问题也显得力不从心，影响了民盟的政绩。

　　缅甸女性政治参与起步晚、程度低、发展慢。当前在议会中女性议员占比与男性议员占比差距仍然较大，女性候选人比例较小，也与缅甸威权政治、民主化发展水平、缅甸传统性别认知、缅甸经济发展水平有密切联系。2021年2月1日，军人执政后宣布将重新组织大选，十年间女性议员参与政治的积极变化在大选后是否又会面临新的机遇，这是学界需要继续观察和深入研究的问题。

参考文献

BRENDA B, 2002. Gathering strength: women from Burma on their rights[M]. Thailand: Images Asia: 34.

SCOTT J G, 1913. The position of women in Burma[J]. The sociological review, (2): 142.

HARRIDEN J, 2012. The authority of influence: women and power in Burmese history[M]. Copenhagen: NIAS Press: 39-76.

CHIE I, 2005. The traditional high status of women in Burma: a historical reconsideration[J]. Journal of Burma studies, (1): 76.

CHIE I, 2006. History and modernity: representing women in twentieth century colonial Burma[M]. New York: Cornell UP: 128.

MARIE L, WIN H H, 2013. Myanmar: the 2011 elections and political participation[J]. Journal of Burma studies, (1): 181-220.

MINOLETTI P, 2019. Women's political life, the Palgrave Handbook of women's political rights [M]. London: Palgrave Macmillan: 672.

THAN N N, 2003. Gendered spaces: women in Burmese society[J]. Transformations, (6): 5.

THAN N N, 2009. Gender hierarchy in Myanmar[J]. Rays, (10): 135.

STOKKE K, WIN K, AUNG S M, 2015. Political parties and popular representation in Myanmar's democratisation process[J]. Journal of current Southeast Asian affairs, (3): 33-35.

范若兰，2016. 东南亚女性的政治参与 [M]. 北京：社会科学文献出版社：158.

格林斯坦，波尔斯比，1996. 政治学手册精选 [M]. 下卷. 储复耘，译. 北京：商务印书馆：343.

佩特，2006. 参与和民主理论 [M]. 陈尧，译. 上海：上海人民出版社：147.

李晨阳，2016. 缅甸进入民盟主政时代 [J]. 世界知识，（8）：26.

李晨阳，2017. 缅甸补选：民盟执政一周年的风向标 [J]. 世界知识，（8）：73.

李晨阳，孔鹏，2020. 从军人政权走向混合政体：1988 年以来的缅甸政治转型研究 [J]. 云大地区研究，（1）：103

马克思，恩格斯，1995. 马克思恩格斯选集 [M]. 3 卷. 北京：人民出版社.

汤伟，施磊，2019. 缅甸全国民主联盟的党内权力架构 [J]. 南亚东南亚研究，（4）：67.

祝湘辉，李晨阳，2012. 2011 年的缅甸：在改革中前进 [J]. 东南亚纵横，（2）：16.

Evidence of Women's Participation in Myanmar's Three Parliamentary Elections Since Political Transition

KONG Jianxun, LI Lan

Abstract: The political transition in 2010 provided a broad stage for the female political participation in Myanmar. After the military takes power in 2021, feminism gradually rises in political area. This study suggests that female seats in parliament has steadily increased from 2010, the rate of election between female and male candidates has narrowed, the proportion of older female MPs has increased and the younger has decreased, the proportion of female parliamentarians from the NLD has increased, and from the USDP has decreased, female parliamentarians with PhD degrees in 2010 mostly from the USDP, while with educational level of senior middle school mostly from the NLD. There are many reasons caused the increasing female political participation such as easier political participation environment after 2010, gender equality in the NLD, and the personal charisma of Aung San Suu Kyi. Meanwhile, Women's participation in Myanmar's three Parliamentary elections also reflect the "literary" characteristics of the NLD, the aging problem in the NLD, and the contest of party power in Myanmar power structure.

Keywords: Myanmar women; political participation; The National League for Democracy; elections

（责任编辑：宋清润）

拉玛五世时期泰国土地制度改革的影响

陈攻

内容提要：经过古代暹罗国王与贵族的长期实践，泰国逐步确立了以"萨迪纳"制度为核心的社会等级系统，国王按照身份和地位来分配土地和劳动力，不同等级的人各司其职，从而形成一套稳定的社会分工与稻作生产体系。然而随着 19 世纪西方殖民势力的渗入与泰国逐步融入世界贸易体系，原有土地制度已经难以适应时代的发展，拉玛五世国王通过土地制度改革，解除了封建人身依附关系，明确了农民的土地所有权，提高了稻作生产效率，为泰国实现近代化奠定了基础。

关 键 词：泰国；农业发展；萨迪纳制；土地改革

作者简介：陈攻，厦门大学南洋研究院 / 东南亚研究中心世界史博士研究生，主要从事泰国历史研究。

基金项目：本文系教育部人文社会科学重点研究基地重大项目"海上丝绸之路与中国—东南亚经济文化交流史研究"（20JJD770010）阶段性研究成果。

泰国地处中南半岛南部，自然资源丰富，是一个具有悠久农耕历史的农业国。在泰语中，"土地"和"耕地"概念之间有明显的区别。泰语中用于种植作物的耕地被称为"梯顶"(thi din)，耕地作为古代农业生产最重要的生产资料之一，对农业生产与发展起到了至关重要的作用。泰国封建土地制度的确立和变迁，很大程度上了影响泰国稻作业的发展变化。

历史上，稻作业作为统治者重要的收入来源之一，支撑了泰国国家体系运作和贵族阶层的生活。在泰语中，稻作的税赋统称为"卡纳"（kha na），对农民来说最繁重的"卡纳"是苦力劳动或者向贵族服徭役（ken raengngan）（Wira，1961）[32]。整个政府体系都建立在征收"卡纳"的基础上，在此基础上，形成了所谓的"萨迪纳"（sakdina）制度，构建了以"奈—派"（官员—平民）关系为核心的机制。这套机制几乎包括全部人口，在阿瑜陀耶王朝时期有其可实施性和合理性（Akin，1969）[102]。但是到了19世纪中后期，随着拉玛四世和五世国王推行的一系列改革以及西方殖民者的影响，这套体系在农产品商品化与国际贸易快速发展的格局下逐渐瓦解。本文拟着重讨论以萨迪纳制度为代表的泰国耕地制度的变化以及其对20世纪初泰国以稻米出口为主的经济的影响。

一、拉玛五世改革前土地制度状况

"萨迪纳"这个词常被学者用来描述古代暹罗[1]所形成的整体社会制度。在西方学者的著作中，"萨迪纳"经常被翻译为"封建主义"（feudalism）。这样的翻译可能是欧洲长期历史特征所形成的视角造成的。"萨迪纳"的字面意思可以用"对土地的权威"或"基于土地的权威"来表达，而萨迪纳中的各个等级则通过拥有土地的数量来表示。和其他国家的封建制度一样，国王（或封建领主）将土地授予贵族，贵族安排农奴从事农业生产，所获得的收入由下到上逐级征收，形成一个类似于"金字塔"模型的社会经济结构。后来的萨迪纳制度逐步从土地分配机制转变为人力管理系统，以便于进行快速军事动员和劳动力控制，满足工程建设、工具生产和土地耕种的需要。

（一）萨迪纳制度的形成过程

原始社会时期，由于个人生产能力较低，难以抵御恶劣的自然条件，因此稻作业采取集体劳动的生产方式，所获得的稻米平均分配，这也就决

---

[1] 1939 年 6 月，"暹罗"的旧名改为"泰国"，此文暹罗将只用于引文或专有名称。

定了赖以生存和从事生产活动的土地，为社会成员共同所有，原始社会的基本土地制度为土地公有制。由于泰国地区拥有较好的水热条件，农业总产出较多，食物供应较为丰富，人们除了种植稻米供自己食用，往往会有部分剩余，多余的稻米就会被用来向领主纳税或者供养当地宗教机构，导致社会分工逐步细化，加之稻作需要前期大量的投入和水利工程的修建，土地所有权逐渐被官员和贵族占有，国王按照官职和身份逐级向他们分封土地。

到了素可泰王朝时期，由原始公有制社会向封建奴隶制社会过渡。在1292 年的兰甘亨碑文中就有关于土地制度的早期记载。该碑文为兰甘亨国王（Rama Khamheng）的公告，提到了外来者可以在素可泰来建立庄园，任何想要从事农业种植的人都可以拥有属于自己的土地；同时还承诺，当土地所有者去世后，其土地财产将全部留给其子女（Grisw old et al，1975）[96]。虽然兰甘亨国王的这一公告一直被学者们认为是专门为吸引劳动力而设计的，统治者不会从土地遗产中分一杯羹的说法带有宣传性质（何平，2006）[60]，但是素可泰的农业生产条件和生活条件比其他地方要好，统治者出台这项政策，可以积极吸引周边的农民，快速增加农业劳动力人口，以实现农产品的增产（Grisw old et al，1971）。

到了阿瑜陀耶王朝时代，随着农具的改良与水稻种植技术的提高，生产力也随之提高。在戴莱洛迦纳国王统治时期（1448—1488 年），为了鼓励民众种植水稻，国王决定对所有个人已占用的土地，不论耕种情况，只要每年每莱[1] 交纳 1 沙隆[2] 的税，便可以继续使用该土地（Takaya, 1975）。戴莱洛迦纳国王在其统治的地区推行这项新的法律，目的是为了鼓励定居者开垦荒地，甚至向民众提供开垦土地所需的牲畜。

1466 年，戴莱洛迦纳国王颁布了《文职官员土地占有法令》和《武官及地方官员土地占有法令》，承认了私有土地的合法性，并以法律的形式确认了封建土地制（邹启宇，1982）[37]。这些法令在泰国历史上产生了较大影响，是泰国历史上发布的最有影响力的王室命令之一。戴莱洛迦纳国王旨在建立一套等级制社会系统，将民众划分为平民和贵族两个阶级。该制度明确

---

[1] 1 莱土地大约等于 2.4 亩或 1,600 平方米土地。

[2] 1 沙隆为四分之一泰铢。

规定了这两个群体在社会中的角色，以及其所应严格遵守的社会秩序。在这个社会体系中，每个人的价值及权力，取决于其拥有的土地的多少。换言之，各等级的权力是以其所拥有的土地来衡量的。

关于萨迪纳制度最早的出处众说纷纭，目前学术界还没有定论。"萨迪纳"从字面上看是一个复合词，由梵文 sak-di（权力）和泰文 na（稻田）组成，可译为"田地权力"或"土地地位"。国王根据身份和地位来分配土地，平民可以分配到 5 到 10 莱不等的土地，贵族可以分配到 400 莱或更多的土地。所有人都被纳入这套社会等级体系，除国王外，每个人都有相应的地位（邹启宇，1982）[38]。在萨迪纳制度下，贵族的土地所有权是非世袭的，与国王赏赐的其他财产，如奴仆、牲畜、衣服和珠宝等成为私人财产不同，当受赠土地的贵族死亡或被废黜时，土地必须归还给国王。

贵族和官员拥有特定的头衔"銮"（muen）和"坤"（khun），华人最高可以称为"帕拉呀"（phraya），西方人因为不被视为官员或者贵族，不能被赋予任何称号和级别。其余平民都必须在当地官员"奈"（nai）那里登记为"派"（phrai），可以获得少量土地，以便其有充足精力和时间服兵役和徭役，平民也可以通过交税来免除其兵役和徭役。贵族拥有的土地面积从 400 莱到 10,000 莱不等（Terwiel，1983）[11-16]，虽然贵族们拥有大量的土地，通过农奴或家臣进行耕种，但大部分土地仍然属于平民阶层"派"，他们构成了社会人口的大多数。19 世纪，泰国大约有三分之一人口都属于这一社会阶层（何平，2006）[61]。受制于国王对土地的最高所有权，所有的贵族，除了少数在外府有职务的，都住在王宫周围。大多数贵族没有大的住宅或城堡，因此他们从来没有类似于欧洲大贵族的封建权力。

（二）伴随萨迪纳制度形成的社会阶层

随着萨迪纳制度进一步完善，泰国形成了王室成员、贵族和高级官员、平民、奴隶四个稳固的社会阶级。

1. 王室成员（昭）

这一阶层由国王的家族及其后代组成。按照萨迪纳制度的规定，这一头衔分为五个等级，每个后代下降一个等级继承其父辈的头衔，理论上国王及其家族的后代在第五代之后沦为平民，但是王室成员通常会被重新授予头衔或嫁给拥有更高头衔的人，使得其后代能够长期保留头衔（Kemp，1969）[18]。

2. 贵族和高级官员（坤銮）

在王室成员和平民之间的是管理国家的贵族和高级官员。坤銮头衔既不是永久的，也不能传承给后代。贵族们经常通过把女儿嫁给国王的方式与国王建立关系。这些王妃既是贵族家庭的代理人也是人质，以确保贵族对国王的忠诚和服从（Kemp，1969）[18]。

3. 平民（派）

"派"，或所谓的"自由人"是社会人口的最大多数，也是农业生产主要的劳动力，农闲时有义务完成国王的徭役。徭役在泰国语中被称为 tam ratchakarn。按照"派"隶属和劳动情况，可分为三类。

其一为"派銮"，隶属于国王，每年需要向国王服六个月徭役，完成修筑工事、开挖运河等工作，其余时间可以耕种田地。国王任命地方官员和贵族管理"派銮"，成为"奈"。贵族和官员只有在位期间才可以被称作"奈"，一旦离开这个位置，其头衔也随之作废（Schouten，1936）[138]。

其二为"派松"，这种类型的"派"完全隶属于贵族，无须完成国王的徭役，只为其所属的贵族服务，完成田地耕种及杂活。拥有"派松"的主要是王室成员和高级贵族，其视"派松"为私人财产，可以随意出卖或者赠送（Schouten，1936）[138]。

其三为"派帅"，同样隶属于国王，与"派銮"不同的是，"派帅"主要从事手工业和采矿业，为国王生产锡、铁、铜等金属以及火药等手工业产品，无须从事徭役或其他劳动，但每年需要向国王交纳规定数量的成品（Schouten，1936）[139]。

简而言之，"派銮"和"派帅"是国王的劳动力，"派松"则是贵族的劳动力。在农业和手工业为主的社会，劳动力是制约生产力发展的重要因素，拥有劳动力的多寡决定了权力的大小。因此，国王会有意增加"派銮"和"派帅"的数量，控制"派松"的数量，甚至颁布法令禁止"派銮"和"派帅"

转为"派松",鼓励"派松"转为"派銮"和"派帅",以保障国王拥有最多的劳动力,限制其他王室成员和贵族的壮大。

然而,相比其他两个群体,"派銮"从事的劳动最艰苦,如建造宫殿、寺庙、挖掘运河等。"派銮"履行徭役时,既无法获得食物,也没有任何报酬。此外,他们还经常被要求为其他贵族工作。随着劳动量的持续加大,许多"派銮"不堪忍受繁重的劳动,选择逃避这个身份。

"派銮"通常使用四种办法来改换身份。第一,不堪重负的"派銮"可以逃进森林或山区中。当地拥有大片热带雨林,一旦逃脱,当地官员很难追捕。第二,"派銮"可以通过贿赂官员,让另外的"派銮"代为劳动或隐瞒其子女"派銮"的身份。第三,大多数泰人一生中都会进入寺庙修行一段时间,"派銮"成为僧侣时,其徭役也随之免除。对于一个长期修行的"派銮"来说,其已经完全脱离了这个身份。第四,"派銮"可以通过成为其他贵族的"派松"来完成身份转化。

4.奴隶(塔)

在泰国历史社会有着特殊的社会地位和作用的群体中,除了平民(派)群体之外,还有奴隶"塔"群体。奴隶制开始于素可泰王朝的晚期,在阿瑜陀耶王朝时期一直存在,并持续到曼谷王朝早期,直到1874年拉玛五世统治时期才被废除。与此同时,徭役制度也被废除。奴隶的职责是为其领主服务,必须从事各种工作,且不如"派松"自由。没有法律规定领主的奴隶数量,领主可以拥有多少奴隶取决于自身财力(Jack,1976)[81]。可以说,在拉玛五世改革之前,泰国社会的农业生产主要依赖平民和奴隶阶层。

(三)萨迪纳制度建构的社会分工体系

在古代,农业生产效率往往取决于拥有多少劳动力,但是劳动力与劳动人口关联,有特定的自然特性,不可分割,不能堆放或储存,难以像其他财富比如黄金、木材或稻米等积累起来。因此,贵族只有控制了大量的劳动人口,才有机会将庞大的劳动力转化为财富,贵族的政治权利和影响力取决于其拥有的劳动力。

以"奈—派"关系为主的人力控制体系成为萨迪纳制度对劳动人口更直接的控制甚至所有形式,学者通常也把萨迪纳制度总结为奴隶制。值得注意的是,统治阶级几乎没有主动使用奴隶和奴隶制这类词。以"派"和"塔"为主的平民大多承担的是国家分配的劳动任务,帮助其领主从事稻作的劳动量要小得多。换句话说,对平民的控制只是"奈"贵族地位的体现(Potter,1976)[81]。因此,贵族对平民没有必要采取永久且完全的控制,平民一定程度上保留了自由,这也导致贵族群体没有绝对的统治权,更高层面上的国王也不是绝对的统治者。这就解释了萨迪纳制度中的悖论:自由平民和农奴共同存在。

从表面上看,萨迪纳等级制度是一个金字塔结构。金字塔的顶端是理论上的权力中心,其他阶层权力和地位由中心统治者授予。因此,萨迪纳制度可以通过"奈—派"人力控制系统无限制扩张。在萨迪纳制度大范围扩张的情况下,金字塔的结构已经不能够反映出其强大的横向关系,贵族和平民之间更像是契约关系。贵族对其奴仆的权力基本上被限制在权利和义务的框架内(Slicher,1974)[236]。萨迪纳制度通过土地分配,定义了整个社会的等级结构,具有重要的政治和社会意义。该组织纯粹具有政治性质,贵族拥有大片土地,平民从事农业劳动,他们在经济和司法上都依赖前者,必须向贵族提供各种服务并服从他的权威(Kula,1976)[9]。

因此,萨迪纳制度构建了一个稳定社会系统,根据个人的头衔分配财富或生产资料,从事其相应的劳动。头衔简单地表明其地位高低,级别越高,得到的生产资料越多,承担的管理职责也越大。

到了阿瑜陀耶王朝时期,国王站在一个高度分层的社会和政治等级制度的顶端,这个等级制度延伸到整个社会。社会组织的基本单位是由贵族和平民组成的村庄。一般来说,贵族对村庄进行领导。土地所有权属于贵族,虽然贵族在名义上持有土地,但是平民只要耕种土地,就享有土地的使用权。

理论上,主要有充足的耕地储备,稻作生产能力取决于劳动人口数量,因此阿瑜陀耶王朝只能通过不断的战争,获得和控制更多的劳动人口,提高其稻作的产量。萨迪纳制度也使得阿瑜陀耶王朝拥有控制更多劳动人口的能力，每次战役胜利后，国王都会将征服地的部分劳动人口融入萨迪纳制度，以扩充稻作生产力，然而这部分劳动人口的生产积极性和消费能力极低，同时萨迪纳制度的封闭性也阻碍了商品经济的发展，抑制了社会分工，使得稻作生产力难以提高。因此萨迪纳制度下稻作特征具有以下特征。

第一，热带季风气候降水不均匀，稻作容易受到气候影响，个体农民难以靠个人力量整修稻田和水利设施，以萨迪纳制度为代表的集权式人身依附劳动体系以及集权式的政治体制，对泰国周边弱小的部落或者散居民族具有亲和力或者威慑力，使得泰人疆域范围和土地面积得以扩张。

第二，从事稻作的平民"派"身份是世代相传的，所以更易于传承稻作技术和维护传统耕种习惯，使得农业生产、社会阶层得以保持长期稳定。

第三，在萨迪纳制度下的农业生产力水平较高，稻米生产基本上实现了自给自足，但是严格的阶层固化和社会分工也阻碍了稻米商品化的发展，导致泰国缺乏与外界贸易的动力。

二、拉玛五世时期的土地制度改革及影响

在 19 世纪初，泰国的经济几乎全依赖农业，水稻总面积约为 15 万平方千米（940 万莱），主要集中在以"亚洲粮仓"闻名的湄南河三角洲地区（Nartsupha et al，1981）[4-31]。当时的农业生产是以萨迪纳制度为基础进行的。直到 19 世纪 50 年代，水稻种植主要养活当地人口，只有少量的盈余出口。自 19 世纪 70 年代以来，由于国际贸易对稻米的需求持续增长，稻田规模开始快速扩张，三角洲的沼泽通过排水和渠道化转化为稻田，稻米产量也随之增加。市场上出现了可供交易的稻米，商品经济不断发展，加之拉玛四世和拉玛五世所推行的社会经济改革，导致了泰国社会发生了很大变化，以萨迪纳制度为主的封建制度逐渐被淘汰，并于 1905 年被正式废除，许多被解放的奴隶成为稻农。泰国从萨迪纳制度为主的封建国家逐渐转变为一个由绝对君主制统治的资本主义国家。

（一）稻米产量与出口贸易增长

在泰国北部和东北部的高地，稻田的灌溉只能依靠降水，造成灌溉水量不稳定，因此在这些地区糯米成为农民播种首选品种，糯米也成为这一区域的主食。但在湄南河下游平原地区，农民尝试播种另一种水稻品种——浮水稻，一种从孟加拉国引进的细长的非糯米谷物，它的生长速度足以跟上灌溉水位的迅速上升。在13—15世纪，中部地区的水稻经济适应了新的水稻品种，这些品种一度产量更高，更有市场，而其他地区则继续种植传统品种供当地消费。新品种稻米的生产提高了产量，产生了大量的剩余。

1511年，阿瑜陀耶王朝接待了来自葡萄牙的外交使团，并在1516年与葡萄牙签订了包括商业特许权在内的条约。1592年，又与荷兰签订了包含"荷兰人在稻米贸易中享有特权地位"内容的条约，本地多余的稻米开始往以中国和印度为主的海外市场销售。为了为稻米出口提供便利，泰国在湄南河河口地区开辟新的城市并建设港口，曼谷这座城市从此登上了历史舞台。随着稻米贸易的繁荣，一些农民不满足于耕种已有的耕地，开始在湄南河三角洲靠近大海且坚实的泥滩上开垦，形成了大片的商业水稻种植区。但是从全国范围内来看，商业水稻种植区比例还很低。

1767年，缅甸军队攻陷了泰国首都阿瑜陀耶城，导致阿瑜陀耶王朝的覆灭。稻作业被战争打断，1769年泰国又遭遇大旱，出现严重的饥荒，饿殍遍地。当时的法国传教士蒂尔潘在其游记中记录道，1767年后的几年时间内，泰国米价已经飙升到民众难以承受的程度，市场上的稻米供应也十分紧张，以至于民众不得不以树根和竹笋充饥（Turpin，1908）[178]。泰国华人郑信召集了士兵，击退了缅甸侵略者，成功地夺回了大片土地，并在湄南河西岸吞武里府建立首都，宣布自己为国王，创立了泰国历史上的第三个王朝——吞武里王朝。

泰国历史学家丹隆·拉查奴帕（Damrong Rajanubhab）在其著作中提到，郑信即位之初，暹罗的稻米供应仍然十分紧张，市场上几乎无米可售。为了解决粮荒，郑信国王安排手下前往越南的河仙地区，以每桶3—5铢银两的价格购买稻米，用船运到吞武里城出售，并分发给饥民赈灾（Sitthiphun，1952）[169]。到1770年，为了平抑粮价，郑信安排更多船只前往越南、马来亚等地购买稻米。同时，吞武里王朝必须迅速扩充国力，以预防缅甸人的再次进攻。郑信国王需要恢复传统的稻作生产，虽然国王寻找到了一些在战争中幸存的擅长稻作的长者，但人数有限，且连年战乱也使得国内劳动力十分缺乏。与此同时，中国的饥荒和内战迫使大量的华人移居到东南亚。因郑信本人是华人后裔，因此流落到泰国的大批华人受到欢迎。得益于泰国优越的自然条件，稻作生产得以迅速恢复。丹麦的生物学家简·柯尼希（Jean Koenig）在18世纪周游中南半岛，在其游记中描述了1779—1780年暹罗稻作繁荣的场景，称在吞武里城及其邻近的湄南河平原地区的土壤非常肥沃，非常适宜种植水稻，一年可收获两季，首季收获在12月，湄南河两岸都是一望无际的稻田，稻浪随风摆动（Koenig, 1894）[161-162]。与此同时，随着政治局势和社会秩序的逐步稳定，吞武里王朝仍然恢复并沿用了萨迪纳制度。

郑信国王建立的吞武里王朝只持续了15年，政权就被郑信部将却克里推翻。却克里定都曼谷，宣布自己为拉玛一世，成为泰国曼谷王朝的第一位国王。拉玛一世之所以选择曼谷作为首都，很大程度上是因为其优越的地理位置。曼谷位于湄南河冲积平原的中心，地势开阔平整。与素可泰城和阿瑜陀耶城形成鲜明对比的是，曼谷直接面对海湾，便于开展稻米的国际贸易。拉玛一世延续了郑信的土地改革制度，恢复稻作生产的举措。宗教是恢复农业生产的一大阻碍，拉玛一世一项重要的工作就是重塑佛教。由于缅甸的入侵及其对农业生产的摧毁，导致大批民众皈依佛教，寻求佛教寺庙庇护，拉玛一世国王下令拆毁新建的寺庙，清理和净化佛教，让大批民众重返农业生产。与此同时，他重组了佛教的等级制度，为僧人制定行为规范，重修整编佛教经文，希望通过净化宗教信仰来达到恢复农业生产的目的。

到了20世纪初期，稻米已经成为泰国最重要的商品，首都曼谷及周边地区成为稻米主要种植和生产地区，稻米贸易收入成为王室和贵族阶层的收入中不可或缺的部分。以前的平民（派）脱离了萨迪纳制度的控制后，不再支付田赋（卡纳）和提供水稻种植相关劳动，使得泰国更加依赖水稻种植，甚至出现了"水稻专属种植区"（Yano，1968）[853-863]。稻米已经成为联系泰国和世界市场的商品，泰国国内经济逐步重组，国家利益与稻米出口获利高度捆绑在一起。

由图 1 可知，从 1875 年开始，泰国稻米的出口快速增长。1875—1910年，稻米的平均每年出口交易量由 353 万担增加到 1,476 万担，增长了 4 倍，出口额由 1,011 万泰铢增加到了 8,102 万泰铢，增长了 8 倍。然而，稻米出口总量快速增加，并没有使稻农的收入出现明显增加。1890—1905 年，泰国货币体系改革造成了通货膨胀，稻米价格由每筐 63.5 铢涨到 136.75 铢，提高了一倍多，而农民的收入几乎没有增加。高额的佃租和生产成本给稻农造成严重的负担，稻农通过出售稻米所获得的收入完全贬值了。雇农的收入也少得可怜，耕种稻田的短工收入是一年 135 泰铢，意味着工作一年所获得的收入还不够支付一筐稻米，稻米贸易所产生的利润被拥有稻田的贵族和稻米商贩占有（烈勃里科娃，1974）[348]。

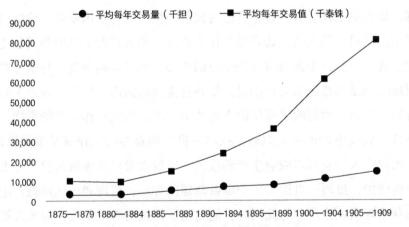

图 1　1875—1910 年泰国稻米国际贸易情况（Ingrain，1971）

到 19 世纪 70 年代左右，泰国稻米产量不断增加，水稻种植面积逐渐扩大，并且逐步适应了新的国际分工，在国际贸易体系中承担了稻米供应商的角色。改良后的水稻种植技术由湄南河平原向四周延伸，提高了单位劳动时间的产量（Hanks，1972）[44]。同时，华人开始新建碾米厂，搭建稻米贸易网络，成为泰国农民和国际市场之间的中介（Terwiel，1979）[16]。水稻的种植面积稳步增长，导致从事稻作的劳动力没有机会从事其他经济活动。随着水稻产量的增长，泰国开始向亚洲其他地区供应稻米，改变了土地过剩和劳动力短缺的局面。虽然劳动力仍然稀缺，但是在经济意义上，耕地也变得越来越稀缺。泰国与该地区的大多数其他国家相比，拥有数量丰富的耕地，水稻的商品化种植赋予了湄南河平原的土地较高的经济价值。

稻米商品化和稻米出口贸易快速发展使得传统的土地制度难以适应生产力的发展，到了曼谷王朝中期，引发土地制度变革的因素陆续出现。首先，曼谷王朝从缅甸战争和阿瑜陀耶王朝沦陷的惨痛历史中吸取了教训，在重建时期，国王虽然有意识地保留了阿瑜陀耶王朝时期的封建土地模式，但也对其进行了改进。其次，泰国国家安全受到了来自西方殖民势力的新威胁。泰国的近邻缅甸和越南，已经不再对泰国安全构成威胁。但是，面对西方殖民国家的威权，泰国不得不进行改革以应对局势的变化。拉玛三世国王曾留下遗嘱："暹罗将不再有与缅甸和越南发生战争，只会有与欧洲人的麻烦。无论他们发明了什么，或做了什么，我们都应该知道并做到，我们可以模仿并向他们学习，但不要全心全意地相信他们。"（攀尼布勒，2021）[13]同时，伴随西方殖民势力的深入入侵，泰国与欧洲国家的接触增多，西方思想也逐渐涌入泰国。最后，泰国国内经济已经开始变化。由于国际贸易的增加和1855年《包令条约》的签署，泰国贸易开始迅速扩张，出现了以稻米为主的农产品规模化生产。西方进口商品在当地市场倾销，导致当地手工业生产的崩溃，生活成本上升。华人劳工的涌入，对泰国徭役制度和国内贸易也产生了重要影响。

（二）拉玛五世改革与萨迪纳制度瓦解

自19世纪初期以来，在西方殖民国家扩张势力的不断迫近和压迫之下，泰国于1855年不得不首先与英国签订条约，开放贸易门户，并在接下来一段时间里，又被迫与其他西方殖民国家签订类似条约。其结果是造成了本国农产品出口的表现超出了预期，国内市场也变得更加依赖进口商品，这反过来又加速了商品经济的发展。随着与西方世界的频繁接触，并受到欧洲模式的启发，拉玛四世蒙固国王更加坚定了改革土地制度的决心，正式颁布皇家法令，放弃了所有土地的所有权，承认了土地私有制（Nartsupha et al，1981）[291-296]。当时在湄南河下游大规模开垦土地用于种植水稻之后，拉玛四世国王就决定为其子女们保留大片毗邻新开凿的运河的土地。王室贵族及高级官员们也纷纷效仿，获得了大片有价值的土地，这些土地被他们安置在家臣的手中或是用于出租。

泰国的萨迪纳制度土地权利是基于用益物权的。开垦和耕种闲置土地的个人或者家庭只要维护好土地，并根据土地的产量或面积缴纳年税，就可以保留使用权。从 19 世纪中期开始，各项因素共同作用下，土地产权得到了加强（Feeny，1989）[285-296]。其一，是国际稻米贸易的增长和《包令条约》的签署，以及随后与其他国家签订的自由贸易协定，增加了土地作为生产要素的价值。其二，伴随着土地价值的增加，需要对土地进行更有力的产权保护。1861 年私有土地所有权被纳入立法中。在随后的几年里，通过了一系列法律，导致了私有土地所有权的扩展。包括拉玛四世国王在内的一批贵族统治阶层意识到了私有土地所有权的意义，并通过将旧的特权转化为现代的法律权利而从中获利。纳朗（皇家稻田）按照国王要求再分配，成了皇室成员的私有财产（Tanabe，1978）[67]。稻田的私有化，导致了囤积耕地就有利可图，可用于分配的耕地在短时间内被瓜分。

在土地产权得到加强的背后也有政治原因。拉玛五世国王认为私有产权的引入是一种政治工具，通过这种方式可以阻止西方殖民者（尤其是英国和法国）进一步侵占泰国的领土。第一，赋予泰国臣民合法的私有产权使殖民者在法律上更难吞并土地。第二，新的地契可以一定程度上制约各类条约赋予殖民者的治外法权（Manarungsan，1989）[25]。于是，经济和政治因素共同促成了土地权利的变化，拉玛五世朱拉隆功国王于 1901 年颁布了《土地所有权契约法》，该法基本上赋予了土地契约持有人完全的所有权。该法与支持土地改革的官僚机构的发展相吻合，有效地将原来的用益物权转变为完全的私人所有权。无论 1901 年《土地所有权契约法》颁布的原因是什么，都可以说该法的主要目的不是为了促进曼谷及其周边地区的土地交易。从理论上讲，所有类型的土地从用益物权过渡到完全的所有权，应该都可以减少由于弃耕、土地用途改变和征用而导致的所有权损失的风险。

为了支持产权和土地所有权的确认和变更，泰国政府于 1901 年在农业部下设立了土地司。土地司在泰国各地区开设了区域办事处，以推动产权发放进程。其中，第一个办事处于 1901 年 9 月 23 日在阿瑜陀耶府成立。1901—1908 年，又在那空猜里府、春武里府、北柳府、彭世洛府、皮查府、素攀武里府、巴真府、华富里府和红统府开设了土地所有权办事处（Ingram，1971）[35]。

来自西方殖民者的外部压力也使得泰国开始注重控制周边地区，地方统治被重组和集中化，全国交通也得到了发展，政府开始兴建铁路。1874年，泰国北部的清迈、南奔和帕莱地区与曼谷的公路连通。同年，拉玛五世朱拉隆功国王开始实行土地改革，立法规定农民有权免费申请一定数量的耕地，每户家庭申请耕种的最大面积是四公顷。这个法律对于农户通过土地兼并形成大庄园起到了很好的抑制作用。然而，萨迪纳制度仍然没有彻底废除，贵族和官员还拥有大面积的土地。法律还规定，未耕种的土地在三年后将归还给国家。拉玛五世的土地改革虽然对一些大庄园的解体起到了重要作用，但是未能有效缓解依靠封建土地制度的财政收入减少的问题，也未能瓦解萨迪纳制度。

为了适应上述国内外经济形势的变化，拉玛五世废除了农奴制和徭役制，逐步推行改革，以便社会能够逐步接受，不至于引发激烈矛盾。1868年，拉玛五世开始限制农奴制和徭役制，并于 1905 年彻底废除了农奴制和徭役制（Bunnag，1977）[118]。在此背景下，大量的独立劳动力进入市场，获得自由的农奴开始了新的耕作，稻米产量和出口量在 1900 年前后强劲增长，泰国的经济在此时得到了极大的发展。由于引入了以货币支付的人头税和由征兵制组成的正规军，农奴不再承担国家军事功能，而由华人移民提供的可供雇佣的劳动力对公共工程项目的修建更为有效。同样，公职人员工资制度的引入也消除了对萨迪纳制度的依赖，这些改革给泰国社会带来了深刻的变化。

（三）土地制度改革的历史影响

1.确认了农户耕地所有权

1901 年土地司的成立，目的是给自由的稻农分配耕地以及确定土地所有权。虽然国王规定该机构可以强制购买贵族的土地并进行重新分配，但是贵族手中的土地通常还是难以撼动，该机构也极力避免与贵族发生冲突。所以，分配给稻农的土地大部分都是退化的林地和河流三角洲地区滩涂地，这些土地之前属于王室管理森林的部门，退化的主要原因是其实际上已经被耕种。因此，拉玛五世时期的土地改革很大程度上是对土地所有权的正式确认，而并非土地的重新分配。根据土地司的规定，每个农户可以拥有的耕地面积有限，并且这些耕地仅能被用于农业生产而不能进行交易（继承除外）。此举的目的是为了防止土地兼并，但是实际执行时却产生了一个问题：非流通的土地不能作为商业债务的抵押品，而稻米耕种前期往往需要投入大量生产资料，这就迫使农民不得不求助于农业银行、农业合作社或不正规的债务市场。与此同时，对于农户拥有耕地数量的限制，也使得泰国在土地改革时期没有产生类似南美或菲律宾的大型农场主。

在拉玛五世改革之前，在泰国除城市居民区和乡村住宅区外，理论上所有土地均为国王所有。此后，土地所有权的变迁经历了一个复杂的过程，并且产生了多种问题，包括不同程度和形式的所有权的分配，多个政府机构间的权力冲突，土地所有权的重叠，导致很多土地的所有权至今还未确定。程序中包含各类所有权管理机构冗余，权利要求重叠，此外还有许多土地所有权问题仍有待解决。

2.改善了稻农生活水平

经过改革后，小农经济占据中心地位，降低了对稻农的税收剥削和劳动剩余价值的榨取，此时泰国农民的生活水平远远好于殖民地缅甸、爪哇或越南的农民。相对而言，泰国大多数农户的生活比改革之前好，大多数稻农由绝对贫困变为到相对贫困。更重要的是，拉玛五世有关教育的改革，使得农户的孩子有机会接受教育，从而有机会摆脱农民的身份。然而，由于大多数村庄的教育资源不足，农民接受教育的机会仍然很少，很难通过副业增加收入，稻农的收入仍不到曼谷城市居民平均收入的四分之一（Manarungsan，1989）[60]。

泰国稻农的相对贫困也是普遍现象。在现代资本主义经济中，所有低价值原材料的小生产商都处于不利地位，因为依赖工业投入进行生产。根据统计资料显示，1900 年以后泰国一个农户的年收入是每莱土地 15 泰铢，按照一个农户平均拥有 20 莱土地计算，年收入是 300 泰铢左右。然而，泰国农户却要拿出年收入的三分之一即 100 泰铢，用于购买进口的生活用品。这样相当于，农户辛苦劳作赚取的收入被外国资本通过贸易渠道夺取了相当大的一部分（Terwiel，1983）[16]。

3. 没有从根本上改变封建土地关系

拉玛四世在位时虽然对土地制度和萨迪纳制度进行了部分改革，但是并没有从根本上扭转萨迪纳制度对封建土地关系和生产方式的影响，土地封建所有制向土地私有制的转变还没有完成，传统的封建生产关系并没有改变。到了拉玛五世时期，自给自足的自然经济依然占据主导地位，原始的家庭手工业与农业紧密相连，封建人身依附关系和奴隶制度依然存在，徭役和实物地租盛行，这些都严重地阻碍了劳动力的解放和市场作用的发挥。

除此之外，泰国国内仍然保留着庞大的封建经济残余，自给自足的自然经济结构以及封建人身依附关系依然存在，这些已经严重地阻碍了社会经济的发展。为了国家主权的独立和稳定，维护君主专制统治，促进现代化发展，拉玛五世进行全面的社会、政治、经济的现代化改革也成为历史发展的必然趋势。

三、结论

13 世纪初素可泰王朝到曼谷王朝前期是泰国封建土地制度逐渐形成并得到完全发展的时期。15 世纪中期，即阿瑜陀耶王朝戴莱洛迦纳国王统治时期，则是封建农奴制度的全盛时期。这个时期泰国形成了中央高度集权的萨迪纳制度，并且一直延续到 19 世纪中期。从 19 世纪中期曼谷王朝拉玛四世一直到 20 世纪 30 年代，泰国土地制度逐步发生改革，随着西方殖民者的到来，泰国也逐渐沦为半封建半殖民地社会。

19 世纪 20 年代，特别是 1855 年《包令条约》签订之后，泰国社会封闭的经济体制被打破，自由贸易时代随之到来，泰国经济进入新的发展时期。从这时起，资本主义要素随着殖民主义者的入侵而迅速发展。继英国叩开泰国封闭的门户之后，美、法、葡、荷、德等西方列强纷纷仿效英国，强迫泰国签订一系列不平等条约。西方资本主义的涌入，客观上给泰国带来了商品经济的竞争观念和西方的物质文明，对促使泰国封建农奴制的解体起了催化作用，推动自给自足的泰国社会经济向着以商品经济为主要特征的资本主义方向演化，农业生产关系也由低级阶段向高级阶段逐渐发展。

由于稻米产量迅速增加，大量华人劳动力涌入，政府对财税的需求和开支逐年增大，泰国的稻米贸易与火砻业迅速发展，稻米出口商、中间商人和火砻主迅速成为庞大商业群体。同时，为了应对西方殖民者的到来，泰国社会也被迫变化，以适应以若干西方大国为核心的资本主义经济联系。在与世界经济越来越紧密的情况下，拉玛五世国王不得不把中央与地方分封制度改变为君主专制制度。

总体而言，拉玛五世时期泰国土地制度变革逐步废除了封建农奴制度和土地人身限制制度，解放了受束缚的劳动力，推动农户参与稻米生产，供应世界市场。在众多因素共同作用下，从萨迪纳制度中解除人身束缚的自由人纷纷加入以出口为宗旨的生产行列中来，开始扮演着中间商的角色，负责寻求稻米货源，按照世界市场的需要出口稻米。在从事上述贸易的过程中，完成原始积累的商人，随着泰国出口贸易的发展而壮大，为泰国以稻米出口为主的经济发展格局打下了坚实的基础，使得泰国成了世界市场的稻米供应商之一。

尽管拉玛五世时期的改革举措为 20 世纪初泰国以稻米出口为主的经济发展格局打下了坚实的基础，但是由于受到时代背景、社会环境和外来势力的制约，泰国土地制度和农业经济仍有诸多局限性，概括起来有如下三点，即土地制度改革不彻底、生产力总体落后、农产品出口结构单一。

第一，土地制度改革不彻底。在相当长的历史时期里，泰国一直是中央高度集权的国家，其推行的封建等级制度极为森严，严重束缚着经济的发展。封建等级制度和徭役制度使泰国的社会生产力受到极大束缚，以至于生产力长期停留在自然经济水平上，生产效率低下，从事生产的农奴或奴隶热情不高，部分农奴或奴隶不堪忍受沉重的徭役负担，反抗事件时有发生，泰国社会经济的发展直接受到影响。

第二，生产力总体落后。在封建农奴制的残酷剥削和帝国主义的疯狂掠夺下，泰国社会生产力发展十分缓慢。在农村，在完成废奴运动后的很长时期里，农民的生产经营始终没有摆脱传统的生产方式。粗放耕作法还相当普遍，农业的增长主要靠扩大耕地面积。即使是在商品经济较发达的曼谷及其周边地区，生产工具仍是原始的犁、耙，山地或少数民族地区甚至还是刀耕火种。

第三，农产品出口结构单一。生产长期以来只有稻米等少数几项产品，在出口贸易中同样也依赖稻米等几项产品，其他资源尽管品种繁多，但开发利用这些资源都以自给自足为目的。越来越多的实践反复证明，这种经济结构格局，使泰国在国际分工与国际交换中处于劣势地位，这主要是西方列强掠夺和控制的结果。他们把泰国逐步纳入旧的世界经济关系中，将泰国作为他们的稻米等少数几项产品的生产基地和西方工业品的倾销市场，这是泰国半封建半殖民地性质的典型体现。

参考文献

CHATTHIP N, SUTHY P, 1981. The political economy of Siam, 1851-1910[M]. Bangkok: Social Science Association of Thailand.

FEENY D, 1989. The decline of property rights in man in Thailand, 1800-1913[J]. The journal of economic history, 49(2): 285-296.

ALEXANDER G, PRASERT NA N, 1975. On kingship and society at Sukhodaya, in change and persistence in Thai society[M]. Eds. G. William Skinner and A. Thomas Kirson. Cornell UP: 96.

ALEXANDER G, PRASERT NA N, 1971. The inscription of King Rama Gamhan of Sukhodaya 1292 A.D. [J]. Journal of the Siam Society, (2): 59.

JAMES C I, 1971. Economic change in Thailand, 1850-1970[M]. Stanford: Stanford University P: 35.

JACK M. P, 1976. Thai peasant social structure[M]. Chicago: U of Chicago P: 81.

JEREMY H. K, 1969. Aspects of Siamese kingship in the seventeenth century[M]. Bangkok: Social Science Association Press of Thailand.

JOOST S, 1936. A description of the government, might, religion, customs, traffics, and other remarkable affairs in the Kingdom of Siam[M]. Bangkok: Siam Society.

JEAN GERARD K, 1894. Journal of a voyage from India to Siam and Malacca in 1779[J]. Journal of the Straits Branch of the Royal Asiatic Society, (26): 161-162.

LUCIEN M. H, 1972. Rice and man: agricultural ecology in Southeast Asia[M]. Chicago: Aldine Atheton: 44.

SOMPOP M, 1989. Economic development of Thailand 1850-1950, response to the challenge of the world economy[M]. Bangkok: Institute of Asian Studies: 80-82.

AKIN R, 1969. The organization of Thai society in the early Bangkok period (1782-1873)[M]. Ithaca: Cornell UP: 102.

YONEO I, 1978. Thailand: a rice-growing society[M]. Honolulu: Hawaii UP: 67.

SOMPOP M, 1989. Economic development of Thailand 1850-1950[M]. Institute of Asia Studies, Bangkok: Chulalongkorn UP: 60.

TEJ B, 1977. The provincial administration of Siam, 1892-1915[M]. The Ministry of the Interior under Prince Damrong Rajanubhab, Kuala Lumpur: Oxford UP: 118.

BAREND JAN T, 1979. Tattooing in Thailand's history[J]. Journal of the royal Asiatic society, (2): 1-16.

BAREND JAN T, 1983. A history of modern Thailand 1769-1942[M]. St. Lucia: Queensland UP.

TORU Y, 1968. Land tenure in Thailand[J]. Asian survey, (10): 853-863.

FRANÇOIS HENRI T, 1908. History of the Kingdom of Siam and of the revolutions that have caused the overthrow of the Empire up to A.D. 1770[M]. TR. By BASIL OSBORN C. Bangkok: American Presby Mission P: 178.

BHSV BATH V, 1974. Feodo-vazallitische verhoudingen en agrarische maatschappijstructuur[J]. Bijdragen en Mededelingen betreffende de Geschiedenis der Nederlanden: 236.

CHINTALA V, 1976. Public investment policy during the reign of Rama VI, 1910-1925[M]. Bangkok: Thammasat UP: 4.

WIRA W, 1961. Historical patterns of tax administration in Thailand[M]. Bangkok: Institute of Public Administration, Thammasat UP: 32.

WITOLD K, 1976. An economic theory of the feudal system; towards a model of the Polish economy, 1500-1800[M]. London: New Left Books: 9.

YOSHIKAZU T, 1975. An ecological interpretation of Thai history[J]. Journal of Southeast Asian studies, (2): 190-195.

何平, 2006. 泰国历史上的封建制度及其特点 [J]. 云南师范大学学报（哲学社会科学版），

（4）：60-64.

烈勃里科娃，1974.泰国近代史纲 [M].王易今，裴辉，康春林，译.商务印书馆：348.

攀尼布勒，2021.1914—1939 年间泰国资本家的特征：繁荣到覆灭的教训 [M].黎道纲，方刚，译.曼谷：泰国泰中学会出版：13.

邹启宇，1982.泰国的封建社会与萨迪纳制 [J].世界历史，（4）：36-45.

The Influence of Thailand's Land System Reform in the Period of Rama V

CHEN Gong

Abstract: After the long-term practice of the Siamese kings, a hierarchical social system with the "Sakdina" system as the core was gradually established. The king allocated land and labor according to identity and status, so as to form a stable social division of labor and rice production system. However, with the infiltration of Western colonial powers in the 19th century and the gradual integration of Thailand into the world trade system, the original land system has been unable to adapt to the development of the times. Through the reform of the land system, King Rama V lifted the feudal personal dependence and clarified the peasants' land ownership, which improved the efficiency of rice production and laid the foundation for Thailand's modernization.

Keywords: Thailand; agricultural development; Sakdina system; land reform

（责任编辑：宋清润）

拉波夫模型下对领导人致辞的叙事分析：以马来西亚时任总理马哈蒂尔第二届"一带一路"国际合作高峰论坛致辞为例

李可　邵颖

内容提要：国家领导人致辞作为一种独特的叙事，通常承担着一定的政治目标，有极的分析价值。本文使用拉波夫经典叙事模型，对马来西亚时任总理马哈蒂尔在 2019 年 4 月第二届"一带一路"国际合作高峰论坛上发表的题目为"加强政策协同、建立更紧密的伙伴关系"的致辞进行叙事分析，挖掘其隐含的情感表达与话语建构。本文发现，马哈蒂尔通过本次致辞既表露了对于"一带一路"项目态度的积极转变，又在话语建构背后提出隐含的条件，在维护国家利益的前提下促成项目的重启，达成了叙事背后隐含的政治目的。笔者希望通过对这一典型文本的分析，为领导人话语建构提供一个全新的分析视角。

关　键　词：叙事分析；拉波夫模型；领导人致辞；"一带一路"倡议

作者简介：李可，北京大学外国语学院博士研究生，主要从事马来西亚语言文化研究；邵颖，博士，北京外国语大学亚洲学院副教授，主要从事马来西亚语言文化、马来西亚教育和跨文化交际研究。

一、引言

　　领导人致辞作为一种独特的叙事，有着极高的分析价值。致辞一方面反映了领导人的叙事风格，另一方面更与国际形势、本国国情息息相关，其背后通常隐含着一定的政治目的。由于领导人致辞的特殊性，即单一叙事人的观点需要展现给不同国家、民族、阶层、年龄的受述者，其致辞的布局和措辞必定要经过充分推敲，才能够达成其目的。

马来西亚是"一带一路"的重要节点国家。2018 年 7 月，马哈蒂尔作为新政府首脑重新上台后，虽然公开表示希望维持与中国的友好关系，但在上台之初就叫停了一系列中马"一带一路"合作项目，其中就包括两国代表性合作项目——东海岸铁路合作计划，并重提"向东看"政策，这引发了外界对于中马关系走向的猜测，认为这是马哈蒂尔发出的"亲美亲日"信号。新政府上台以来，马来西亚对于"一带一路"展示出极其矛盾的态度，即一方面表态支持"一带一路"倡议，另一方面又担心"一带一路"项目的潜在风险。本次论坛上，马哈蒂尔公开表示支持"一带一路"倡议，发表了题目为"加强政策协同、建立更紧密的伙伴关系"的致辞。随后，中马两国签署了棕榈油贸易和东海岸铁路计划（以下简称东铁）两份重要备忘录。可以说，马哈蒂尔此行成功削减了东铁的造价，大幅减少了马来西亚需要支付的贷款利息，正式确认了东铁项目的重启。那么，马哈蒂尔是如何通过本次的致辞既表露了对于"一带一路"项目态度的积极转变，又在话语建构背后提出隐含的条件，在维护国家利益的前提下促成项目的重启呢？致辞中隐含了怎样的情感表达和意识形态，其逻辑性和合理性又是如何构建的呢？笔者尝试以拉波夫模型的叙事分析方法为理论依据，回答以上问题。

目前学界对于领导人致辞的研究主要集中在翻译研究与致辞对比分析，聚焦于致辞原文本与翻译文本的差异分析。具体来说，《基于评价理论的中美英三国领导人重大节日致辞的对比研究》使用定量与定性的研究方法，对比分析 2017—2019 年中国国家主席习近平的春节致辞、美国总统特朗普和奥巴马的圣诞节致辞，以及英国女王伊丽莎白二世的圣诞节致辞（刘文静，2019）。《及物性理论浅析领导人讲话及其英译——以李克强总理第九届夏季达沃斯论坛特别致辞为例》从及物性视角出发，分析了领导人讲话的语篇特点及其英译（曾文斯，2018）。《2017 年中美领导人新年致辞中人际意义的对比分析——以批评话语分析为视角》则选取 2017 年中美两国领导人公开发表的新年致辞书面语篇为语料，解释语篇中语言和意识形态的关系（吴菊 等，2018）。针对拉波夫叙事模型，学界则主要将其用于对歌曲、新闻报道、广告的叙事分析。例如，《声音的迷思：拉波夫模型下〈春节自救指南〉的叙事分析》借助拉波夫叙事结构模型对歌曲《春节自救指南》的歌词进行了叙事分析（张婵，2018）。《从章莹颖案看拉波夫叙事视角下的法制新闻报道》以拉波夫叙事模式的六要素为基础来解析有关"章莹颖案"报道相关的叙事结构（张苗苗，2020）。《广告创意程序化下的叙事结构：基于拉波夫模型的分析》则引入拉波夫叙事模型解析广告中的叙事结构（林翔 等，2021）。综上，将拉波夫叙事模型应用于领导人致辞的分析在学界比较少见。本文尝试通过对典型文本的分析，为领导人话语建构提供一个全新的分析视角。

二、拉波夫叙事模型

叙事是一种表达方式，人们通过口头叙事进行人际交流，借助书面叙事完成话语创造，叙事者通过这一手段认识并阐释世界，对叙事行为的重视引发了有关叙事的研究（普林斯，2013）。拉波夫在《叙述·文体句法中的经验转换》（Labov et al，1967）和《叙述文体分析：个人经验的口语版》（Labov，1972）中，提出了其著名的叙述文体六要素分析模式，总结出了有关个人经历叙事的六项要素：摘要（abstract）、指向（orientation）、进展（complicating action）、评价（evaluation）、结局（result）和尾声（coda），这六项要素构成了一个完整的叙事框架。拉波夫认为，有了这些要素，讲述者才可以从个体的基本经验里构建出一个故事，并且在嵌入式的评价中阐释其意义。这一结构模型大多用于个人叙事的分析，故事由特定的人物、场景和情节组织而成，短小而具体，是针对单个的问题而展开叙述的（Riessman，2011）。

从拉波夫模型各项要素的功能上来看，摘要指叙述者在叙述前对整个故事的概要总结。指向发挥的功能为介绍叙事背景。进展是故事事件本身的发生，指事态实际的发展，是叙事语篇的核心部分。评价用于建立、保持故事的目的，以及其语境意义和可述性，表示叙述者或他人对所述事件的看法、态度的评议。而结局指故事的结束，描述一系列事件的结果、结局。尾声则标志着故事的收尾（佟兆俊，2011）。拉波夫的叙事分析模式成了叙事分析的经典范式，该模型被广泛应用于各应用场景下的叙事分析，而将其运用到领导人致辞分析中的研究，在学界则比较少见。

拉波夫叙事是对口头交际的研究成果（张婵 等，2018），领导人致辞中交际双方真实存在，且主要功能为交际，致辞通常结构较为清晰，具有完整的框架，全程贯穿主题，因此拉波夫叙事模型适用于分析叙述真实事件的领导人致辞。本文中，笔者利用拉波夫经典叙事模型对时任马来西亚总理马哈蒂尔在第二届"一带一路"国际合作高峰论坛上的致辞的英文文本进行分析，以拉波夫经典叙述文体六要素分析模式为方法，分析本篇领导人致辞的谋篇布局，探究其中的话语建构，以拉波夫理论框架为支撑展现领导人叙事的话语建构和情感建构的独特之处，挖掘致辞中背后隐含的政治目的。

三、对马来西亚时任总理马哈蒂尔第二届"一带一路"国际合作高峰论坛致辞的叙事分析

（一）摘要

摘要指叙述者在叙述前对整体叙事的概要总结。致辞的开头，马哈蒂尔表达了对于参会邀请的感谢，但没有在摘要部分直接点明致辞的主题，而是通过隐喻的方式巧妙地引出"一带一路"的历史渊源和重要意义，他说道："首先，我要感谢组织者邀请我参加这个如此重要的论坛，一个攸关东西方通道的论坛，一个将使东西方更紧密地联系在一起的论坛。（Firstly, I would like to thank the organisers for this invitation to the most important forum, a forum on the passages between East and West, a forum that will bring East and West closer together. ）"[1]

---

[1] 英文致辞文本来源于马来西亚总理署官方网站，中文译文由笔者翻译。如无特殊说明，后文所引马哈蒂尔致辞皆出自同一来源，不再一一注明。

这段文字在整体致辞中充当了"摘要"部分。值得注意的是，在摘要部分，马哈蒂尔将"一带一路"倡议描绘成"一个连接东西方的重要通道"，让受述者间接得知了此次致辞的叙事主题，即通过建构叙事视角完成了叙述者的身份认定和叙述视角的确定。叙述者和叙述视角都是叙事学中最核心的概念，二者共同构成了叙述（胡亚敏，2004）。在摘要中，马哈蒂尔以国家领导人的身份进行致辞，并巧妙地囊括了东西方地区，可以引发各沿线国家受众的共情。同时，间接的隐喻需要受述者在脑中联系"通道"与"一带一路"的等价关系，进一步吸引受述者的注意力，从而提高叙事的传达效果和趣味性。这种叙事建构的方法也更有助于后续叙事被受述者所接受，从而便于致辞完成其承担的政治目的。

（二）指向

指向位于摘要之后，对叙事背景进行交代，并说明叙事主人公以及事件发生的时间、地点。

马哈蒂尔在致辞中回溯了作为"一带一路"前身的古丝绸之路的发展历程，他说道："几个世纪以来，人类一直在寻找国家和大陆之间的旅行和贸易通道。最引人注目的发展便是从东方的中国到西方的东欧的这条通道。这条陆上通道被称为丝绸之路。骆驼和马匹的大篷车花费几个月的时间沿着这条通道运送贸易货物和人员。在海上，通道穿越马六甲海峡和中国南海。来自东方的茶叶、丝绸和漆器装载在简陋的帆船上，以换取来自西方的产品。与此同时，马来西亚作为海上交通的十字路口受益匪浅。（For centuries man had searched for passages for travel and trade between countries and continents. The most remarkable finding and development was the land passage from China in the East to Eastern Europe in the West. This land passage became known as the Silk Road. Caravans of camels and horses took months to move trade goods and people along this great passageway. At sea the passage was through the Straits of Malacca and the South China Sea. Tea and silk and lacquer from the East were carried on fragile sailing ships to exchange for less valuable

Western products. Malaysia benefited as the crossroad for this sea traffic.)"通过回溯古丝绸之路起始于古代中国,并成为进一步连接东西方的古代海陆商业贸易路线,马哈蒂尔引出古马六甲与中国贸易合作的历史渊源,并点明马来西亚作为古丝绸之路重要节点的历史地位。同时,"受益匪浅(benefited)"一词更是在指向部分奠定了本次叙事的积极基调,也对后续叙事中马哈蒂尔对于"一带一路"相关合作项目的支持埋下伏笔。在马哈蒂尔的致辞中,本段作为叙事结构的指向部分,充分发挥了其介绍本次致辞背景的叙事功能。同时,致辞中对古丝绸之路辉煌历史场面的描绘,一来可以从侧面将古代欠发达的运输模式与今天以科技创新驱动的"一带一路"通道进行对比,凸显"一带一路"的巨大发展,二来可以将目光引入马来西亚的主场,为接下来的进展部分进行叙事铺垫和主题限定。

(三)进展

叙事的进展是结构的核心部分,一般来说,叙事的展开要遵循一定的顺序。本篇叙事依照时间发展顺序展开,马哈蒂尔由古丝绸之路历史渊源出发,延伸到当代"一带一路"的发展形势。

进展部分,马哈蒂尔首先将时间轴拉回到现代,他说:"今天,贸易驱动着世界。自然,陆地和海上通道必须得到更好的发展。毫无疑问,这些通道的利用将使得所有沿岸国家获利。同时,通道的地理位置对东西方国家具有战略意义。(Today trade drives the world. It is only natural that the land and sea passages have to be better developed. Without doubts the utilisation of these passages will enrich all the littoral states along the way, as much as the great nations of the East and West. The geographical location of the passage became strategic to the nations of the East and West.)"马哈蒂尔用"今天"一词开启了本次致辞的进展部分,将受众视野带入到当下。通过多个褒义词汇的运用,如"更好的(better)""使丰富(enrich)",在进展开端展现了对于中国提出的"一带一路"倡议明确的积极态度。

接下来,马哈蒂尔话锋一转,在致辞中表示:"但是,尽管贸易量的增加使各贸易伙伴国富裕起来，但石油泄漏和海上废物倾倒的问题有可能对相关海岸产生污染。如果我们将马六甲海峡作为国际海峡，那么国际社会必须承担起保持海洋清澈和不受污染的责任。(But while the increases in the volume of trade enrich the trading partners, the threats to the littoral states have unfortunately increased. Oil spills and dumping of waste at sea pollute the shores of these states. If we designate the Straits of Malacca as international then the international community must assume responsibility for keeping the seas clear and unpolluted.)"

　　叙事的发展常常伴随着转折。在这里，马哈蒂尔指出了当前"一带一路"海上沿线国家面临的挑战和困境，即贸易量的增加也伴随着石油泄漏和海上污染的现实问题。这些问题引发了马哈蒂尔的关切，也是他在本次叙事语篇中表达的主要诉求所在。进展部分中，马哈蒂尔的致辞显现出了一定的矛盾性，即一方面公开表态支持"一带一路"倡议，另一方面又担心"一带一路"项目的潜在风险，这种矛盾性态度的出现与马来西亚时局息息相关。马哈蒂尔带领希望联盟政府史无前例地在大选中获胜，背后的重要原因之一是前首相纳吉布因牵涉贪腐失去了民众的信任。纳吉布对于中国提出的"一带一路"倡议一直积极响应，在 2016 年访华期间与中国签署了总价值超过 1,400 亿令吉的多项基础项目合作条约，这在一定程度上引发了马来西亚民间对他的不满。[1] 马哈蒂尔上台后，曾暂停马中"一带一路"基础设施工程中东铁和沙巴州天然气管道等项目，并于 2018 年 8 月宣布取消这些中资项目。2018 年 10 月，马哈蒂尔公开表示，和中国合作的"一带一路"技术设施项目，比如东铁项目，需要大量的财政投入，超过了政府的承受能力，因此宣布暂时中止相关项目的合作，后续处理还将与中国政府继续商讨。[2] 以马哈蒂尔为代表的新任政府在上台之初就暂停"一带一路"相关合作项目，一方面是因为国内财政紧缺，更重要的原因则是吸取前车之鉴，希望以态度转变留住民众的信任。马来西亚对于马中基础设施合作项目是否继续进行的问题犹豫不决，既希望相关设施的建设带动当地经济

[1]　资料来源于 Malaysiakini 官网（读取日期：2021 年 10 月 5 日）。
[2]　资料来源于 Astroawani 官网（读取日期：2021 年 10 月 15 日）。

发展，增加就业岗位，又难以承担高昂的费用。一旦取消项目，马来西亚将面临巨额赔款。综上所述，对马哈蒂尔政府而言，最理想的办法就是在削减预算的情况下重启项目合作。马哈蒂尔此前曾多次表示希望得到"更合理的价格"来继续马中"一带一路"相关项目的推进，而此次访华之行就是展现马来西亚政府态度转变的绝佳机会。因此，本次致辞中马哈蒂尔对于"一带一路"的最新态度可视为未来中马基础设施合作项目能否得到恢复的风向标，具有指向性意义。

马哈蒂尔作为第三世界极具代表性的国家领导人，在致辞中并没有仅仅停留在抛出问题的层面，而是结合现实情况提出了有效的解决建议。下一段中，马哈蒂尔说道："然而，显而易见的是使用现代技术可以改进这一通道。（Yet it must be obvious that with modern technologies the passage can be improved. ）"他在此抓住问题的核心，紧贴实际强调了现代科技的重要性。他指出："正如船舶的大规模贸易催生了大型散货船的发展一样，陆路通道也应该满足东西方贸易增长的需要。如果船舶可以建造得更大，为什么火车不能同样大，以携带更多的货物和原材料和人员？火车与轮船相比，可以更快速地连接起东西方。（Just as the massive trade by ships has spawned the development of huge bulk carriers, the land passage should also respond to the need of the increased trade between East and West. If ships can be built bigger, why cannot trains be equally big to carry more goods and raw materials and people? Trains can shorten the passage between East and West bringing them closer to each other. They are faster than ships. ）"在这里，马哈蒂尔强调了陆上通道需要和海上通道一样得到重视，并以此为支点分散海上通道的压力。马哈蒂尔的致辞也为后续马来西亚决定恢复作为"一带一路"陆路项目的代表——东铁项目埋下了伏笔。

接下来，马哈蒂尔继续说道："我们拥有实现这些改进的技术和资金。随着海上航线和陆路的改善，贸易和旅行将会增加，随之而来的是世界财富的增加，各国人民的生活将会得到改善。（We have the technology and the money to bring about these improvements. As the sea routes and land routes improve, trade and travel will grow and with this the wealth of the world will increase for the betterment of everyone.)"本段中，马哈蒂尔进一步说明了上文中倡议的可行性，并较为清晰地传达了希望陆上交通得到进一步发展的愿望。

本篇致辞篇幅较长，且结构比较复杂，进展部分是本篇致辞的核心部分，也是其与一般性致辞在结构上的不同之处。为了清晰地反映本篇致辞的话语建构方式，引入拉波夫叙事模型进行分析就显得尤为重要。在本篇领导人致辞的叙事文本中，马哈蒂尔以抒情历史回溯开篇，引发受述者的共情，完成情感建构后，通过时间轴的切换在进展部分将"一带一路"的发展过程从历史回顾拉入现代视野中，宣告进展部分的开始。

在进展部分中，马哈蒂尔采取了先抑后扬的叙事方法，首先提出了"一带一路"发展过程中存在的问题。这位第二次担任总理的马来政坛老将敢怒敢言、铿锵有力的政治风格在"抑"中得到了清晰的展现。马哈蒂尔开门见山地指出"一带一路"海上沿线国家面临的环境污染和维护成本高昂的问题，代表第三世界发出了强音。这也与习近平总书记强调的"生态兴则文明兴，生态衰则文明衰"[1]异曲同工。随着全球环境治理体系进一步完善，绿色发展已成全球发展议程中的核心趋势与要求。这样的话语建构不仅明确了马来西亚的国家利益，还在实现国家利益的方式选择上，尤其是对中国的投资项目问题上，巧妙地向中国施压（贺先青 等，2020）。基于问题的提出，马哈蒂尔开启"扬"的叙事部分，提出了两大解决办法：一是加大科技投入，让"一带一路"更加绿色环保；二是加强陆上通道的建设，减轻海上通道的压力。需要关注的是，虽然领导人致辞的首要目的是维护国家利益，但马哈蒂尔巧妙的话语体系建构并不直接以"马来西亚"为叙事主体，而是把"海上沿线国"作为叙事主体，显然这样可以更引发在座领导人和与会代表的共情，进一步促进叙事背后政治目的的达成。马哈蒂尔继而提出的"陆上通道"的加速建设，又暗示了中马东铁项目需要恢复建设，让各国与会领导人和代表间接得知了马哈蒂尔作为马来西亚领导人对于"一带一路"项目所释放的积极信号。

---

[1]　中国政府网，2018. 习近平出席全国生态环境保护大会并发表重要讲话 [EB/OL]. http://www.gov.cn/xinwen/2018-05/19/content_5292116.htm（读取日期：2021 年 10 月 20 日）.

与此同时，由于领导人致辞的特殊性，即单一叙事人的观点需要展现给不同民族、阶层、年龄的受述者，因此叙事的高传达效率是重中之重。而通过使用复合叙事信号串联致辞进展部分的方式，马哈蒂尔得以在致辞中灵活地切换"海上沿线各国"和"马来西亚"两种叙事主体，一方面便于将现实情况及当下局势和问题清晰地阐释出来，另一方面复合叙事主体不会给受述群体带来突兀感，而能自然而然地拉近距离，提升叙事的传达效率，丰富致辞的内涵，更易实现其背后的政治目的。从拉波夫叙事六要素的角度出发，本篇致辞的逻辑顺序得以清晰地展现出来。

（四）评价

评价（evaluation）用于建立、保持故事的目的，以及其语境意义和可述性，表示叙述者或他人对所述事件的看法、态度的评议。拉波夫将评价分为三种类型，分别为外部评价（external evaluation）、嵌入式评价（embedded evaluation）和评价行动（evaluation action）。外部评价是公开性的，叙事者停止对复杂行动的讲述，站到故事之外来告诉叙述接受者观点；嵌入式评价保留了故事的戏剧连贯性，叙述者直接叙述当时的感受；评价行动指的是故事中能够表达情绪的非语言行动（Patterson，2008）。

在本篇致辞中，马哈蒂尔从领导人的角度出发，对于致辞中进展部分进行了评价，属于嵌入式评价。他说道："是的，'一带一路'的想法很棒。它可以使中亚的内陆国家更接近海洋。他们可以增加财富，减少贫困。每个人都将受益于'一带一路'项目发展带来的旅行和沟通的便利性。(Yes, the Belt and Road idea is great. It can bring the land locked countries of Central Asia closer to the sea. They can grow in wealth and their poverty reduced. Everyone will benefit from the ease of travel and communication that the development of the Belt and Road project will bring.)"

领导人致辞的评价部分带有领导人的个人色彩，往往是最容易显露个人立场倾向的部分。评价部分，马哈蒂尔用"极棒的（great）"作为对"一带一路"的整体评价，更明晰地呼应了叙事进展部分末尾隐含的积极态度。

另外，马哈蒂尔再次强调了对于道路通行自由化、行政手续便利化、现代科技普及化的殷切希望，为"一带一路"发展描绘了新的发展愿景。在评价部分的结尾马哈蒂尔指出："文明的世界拒绝使用武力和屠杀，这才能确保我们从'一带一路'倡议所承诺的新的贸易和货运通道的开辟中受益。（It is imperative that the world become less primitive and reject the use of force and massacres in order to benefit from the opening up of new passages for trade and freight that the Belt and Road initiative promises.）"在这里，马哈蒂尔明确表示反对恐怖主义与极端主义。马来西亚常年致力于反恐事业，马哈蒂尔清晰地意识到只有和平与稳定的国际环境才能促进"一带一路"的稳定发展，普惠沿线国家，因此才会在评价部分进行强调。

（五）结局

顾名思义，结局是叙事的结尾，用于对叙事主体进行总结和收尾。在本篇致辞中，马哈蒂尔将落脚现在与遥望未来的眼光收回，呼应指向部分的伏笔，表达了对"一带一路"倡议的高度肯定。他说道："我完全支持'一带一路'倡议。我相信，马来西亚将从该倡议中受益。（I am fully in support of the Belt and Road initiative. I am sure my country, Malaysia, will benefit from the project.）"

本篇致辞的结局和指向部分形成了首尾呼应，也表现了致辞的特性，即通常由具有较高身份地位的人代表国家统治阶级进行，通过叙事在特定场合传达信息，并传达一定的政治诉求。本段中，马哈蒂尔针对叙事进行了直接点题，即表明本篇致辞的目的是表达马来西亚对于"一带一路"倡议的高度支持，并传递了马哈蒂尔作为国家总理对于马来西亚在"一带一路"合作框架下取得突出成果的期盼。

（六）尾声

尾声，或称回应，标志着整篇叙事的完结。在本篇致辞中，马哈蒂尔以"谢谢！（Thank you.）"作为整篇叙事的尾声，标志着本篇致辞的结束。

四、结语

    本文以叙事文本经典分析理论，即拉波夫经典叙述文体六要素分析模式为方法，对马来西亚时任总理马哈蒂尔在第二届"一带一路"国际合作高峰论坛上的致辞进行了叙事分析。总体来看，在本篇致辞的摘要和指向部分，马哈蒂尔溯古通今，从古丝绸之路历史延伸到目前"一带一路"的发展情况及其在新时代面临的各种挑战，并同时进行了受述者的身份限定，奠定了致辞的主基调。完成叙事背景的建构后，马哈蒂尔通过时间轴的切换将叙事引入进展部分，采用"先抑后扬"的叙事方法直接地列举了"一带一路"项目中的潜在问题，并给出解决建议，从马来西亚的立场表明了态度及诉求。评价部分中，马哈蒂尔重申了对"一带一路"的积极评价，采用"多重叙事主题"的建构巧妙地阐明了马来西亚的立场，在情感建构层面巧妙点明叙事背后的情感表达和政治诉求。结局和尾声部分中，马哈蒂尔表达了作为国家总理对于马来西亚在"一带一路"合作框架下取得突出成果的殷切期盼，通过"首尾呼应"的方式重申了对"一带一路"倡议的支持。通过分析，可以观察到本篇致辞描述的语境具体而生动，完整性强，具有较高程度的叙事性及分析价值，充分实现了其叙事功能与政治功能的有机结合。

    此外，笔者通过研究发现在对于领导人致辞进行叙事分析时需要对致辞发生时的国家现实情况进行充分考究。传统的叙事分析通常聚焦于文字本身，而领导人致辞则蕴含了领导人对于国家时局的把控，并承担着特定的政治功能。因此，在分析中需要全盘考虑致辞发生时该国国内外的时局形势，才能够清晰地剖析领导人在致辞中的话语建构和政治目的。例如，马哈蒂尔政府在论坛前对"一带一路"相关合作项目呈现矛盾态度，而这种矛盾态度与本篇致辞核心进展部分马哈蒂尔"先抑后扬"的叙事方式交相呼应，其背后的原因都与马来西亚时局息息相关。马哈蒂尔通过叙事模型的巧妙建构使得致辞具有逻辑性，合理化了马来西亚的诉求，并传达了对于

"一带一路"后续合作的支持态度。通过本次致辞，马哈蒂尔既自然化了其对于"一带一路"相关合作项目态度的积极转变，又在话语建构背后提出隐含的条件，在维护国家利益的前提下促成项目的重启。

拉波夫叙事模型对于领导人致辞的分析具有较高的适用性。其一，模型清晰地划分出致辞文本中的叙事结构，六要素之间彼此承接，串联出致辞的完整架构。其二，六要素的切割分析使得致辞的语体结构骨架清晰可见，便于笔者在大篇幅的致辞中抓住主要矛盾，并清晰地从叙事功能与政治功能两个主要抓手对致辞进行深入分析。阅读领导人致辞文本时，如果从受众角度出发，易被受述者的主观态度和评价所影响。因此，通过叙事模式的引入，可以借助制式分析的稳定性增强叙事分析的客观性，有利于笔者进一步明确分析思路，挖掘深层意义，把握领导人致辞的根本目的。笔者利用拉波夫经典叙事模型对领导人致辞的典型个案进行分析，期冀为领导人话语建构相关研究提供一个全新的分析视角。

参考文献

LABOV W, 1972. The transformation of experience in narrative syntax[M]// Language in the inner city. Philadelphia: U of Pennsylvania P: 2-44.

LABOV W, JOSHUA W, 1967. Narrative analysis: oral versions of personal experience[M]// Essays on verbal and visual arts. Ed. June Helm. Seattle: University of Washington Press: 201-245.

PATTERSON W, 2008. Narratives of events: Labovian narrative analysis and its limitations[M]// Doing narrative research. Eds. Molly Andrews, Corinne Squire, Maria Tamboukou. London: SAGE Publications: 23-41.

RIESSMAN C K, 2011. Narrative analysis[M]// The qualitative researcher's companion.Eds. Michael Huberman, Matthew B. Miles: SAGE Publications: 216-270.

贺先青，林勇新，2020. 中小国家要价行为与"一带一路"项目投资风险——以马来西亚东海岸铁路计划为例[J]. 国际论坛，（5）：25-42+155-156.

胡亚敏，2004. 叙事学[M]. 武汉：华中师范大学出版社.

林翔，张慧玲，谭辉煌，2021. 广告创意程序化下的叙事结构：基于拉波夫模型的分析[J]. 传媒，（2）：78-80.

刘文静，2019. 基于评价理论的中美英三国领导人重大节日致辞的对比研究[D]. 西安：西安外国语大学.

普林斯，2013. 叙事学：叙事的形式与功能 [M]. 徐强，译. 北京：中国人民大学出版社：55.

佟兆俊，2011. 重读拉波夫叙事结构模式 [J]. 世纪桥，（19）：40-42.

吴菊，李莉华，2018. 2017 年中美领导人新年致辞中人际意义的对比分析——以批评话语分析为视角 [J]. 海外英语，（3）：174-175.

曾文斯，2018. 及物性理论浅析领导人讲话及其英译——以《李克强总理第九届夏季达沃斯论坛特别致辞》为例 [J]. 吉林化工学院学报，（8）：86-90.

张婵，2019. 声音的迷思：拉波夫模型下《春节自救指南》的叙事分析 [J]. 西南交通大学学报（社会科学版），（2）：45-52.

张婵，谢锡文，2018. 拉波夫叙事模型下"返乡体"的叙事结构分析 [J]. 现代传播（中国传媒大学学报），（4）：167-168.

张苗苗，2020. 从章莹颖案看拉波夫叙事视角下的法制新闻报道 [J]. 新闻爱好者，（9）：47-49.

Narrative Analysis of Leaders' Speeches Under Labovian Approach: Taking the Speech by Then Prime Minister of Malaysia, YAB Tun Dr Mahathir Bin Mohamad at the High-level Meeting of Belt and Road Forum for International Cooperation as an Example

LI Ke, SHAO Ying

Abstract: The leaders' speeches are typical and unique narratives, which serve certain political functions and have high analytical value. In April 2019, YAB Tun Dr Mahathir Bin Mohamad, then Prime Minister of Malaysia attended the High-level Meeting of Belt and Road Forum for International Cooperation and delivered a speech entitled "Strengthening

Policy Synergy and Building Closer Partnerships". This paper conducts research on the speech of Dr Mahathir at the Second Belt and Road Forum for International Cooperation under the Labovian approach to reveal the narrative style and hidden political functions in this speech. Through narrative analysis, the study finds that in this speech, Dr Mahathir reveals a positive change in his attitude toward Belt and Road related projects. Besides, he also puts forward implicit conditions behind the speech construction to facilitate the restart of projects while maintaining national interests, thus achieving implicit political purposes. Through this paper, the authors hope to provide a new analytical perspective for the discourse construction in leaders' speeches.

Keywords: narrative analysis; Labovian narative approach; leaders' speeches; Belt and Road Initiative

（责任编辑：宋清润）

历史文化研究

马来语复兴计划的方式与逻辑

刘勇　范彬莎

内容提要：马来西亚独立伊始，马来语就被确立为马来西亚国语，但一直以来马来语在该国存在语言认同度不足以及语言使用不规范的现象。历史上，各届政府都曾采取多种方式提高马来语地位，以促进国民的认同和使用，但总的来说效果并不理想。马来西亚前总理伊斯迈尔·沙必里2021年上台后，提出要通过规范和强化马来语使用、提升马来语国际化程度、巩固和加强马来语教育三种方式来推动马来语复兴计划。相关计划除了旨在促进语言使用并提高国语地位以外，背后还蕴含着刺激国家经济和争取政治支持的考量。但是，上述计划除了在政策层面具有一定缺陷之外，其"马来语作为东盟第二官方语言"的计划也缺乏国际号召力，其落实的效果仍然有待观察。

关 键 词：马来语；复兴计划；马来语国际化

作者简介：刘勇，信息工程大学洛阳校区马来语专业讲师，博士，主要从事马来西亚政治、文化、语言教育政策研究；范彬莎，信息工程大学洛阳校区国别与区域研究专业硕士研究生，主要从事马来西亚文化与族群政治研究。

一、引言

从1957年马来西亚独立建国开始，马来西亚政府就在语言使用和教育方面大力发展马来语，在努力提高马来语国语地位的同时也希冀通过语言塑造多元族群的认同并实现民族国家建构。一直以来，马来语的发展不仅受到国际语言——英语的冲击，非马来族群母语的发展也一定程度上阻碍了马来语在马来西亚的普及，如何协调民族语言和国际语言的关系，如何平衡本土文化与外来文化的关系，是马来语发展遇到的重要难题（钱伟，

2022）55。在独立60多年的时间里，马来西亚历届政府都在通过各种方式提升马来语地位并促进国民对马来语的认同，但效果并不理想。2021年8月，伊斯迈尔·沙必里（Ismail Sabri）总理上台后，其政府又将复兴马来语的议题重新提上日程。2021年11月28日，伊斯迈尔·沙必里在出席第14届"首相杯"马来语国际演讲比赛决赛时表示，私人机构、政联公司和政府机构等使用非马来语已成为一种趋势，在公司名称、房地产项目以及商品品牌中也很少见到马来语，他提出希望从今以后所有的集会、会议等都能使用马来语。[1] 这成为伊斯迈尔·沙必里上台以后，推出一系列政策以复兴马来语的起点。2022年年初，在访问文莱、柬埔寨和泰国期间，伊斯迈尔·沙必里在双边会议和媒体发布会中均使用马来语进行交流。在国语同为马来语的文莱使用马来语作为交流语言尚不足为奇，但柬埔寨和泰国都拥有各自的语言，在对这类国家的官方访问中使用马来语则是马来西亚历史上的首次。2月26日，在结束对泰国的访问后，伊斯迈尔·沙必里在媒体发布会上正式宣布，政府应当在国际会晤和会议等官方事务中使用马来语。[2] 3月10日，伊斯迈尔·沙必里会见了由上议院议长莱斯雅丁、马来西亚国家语文局董事会主席阿旺·沙利延、全国作家联盟主席拿督·再纳·阿比丁·博尔罕、汉文化中心主席吴恒灿等人组成的代表团，共同商议复兴马来语以及提高马来语地位的政策方针，马来语复兴计划正式提上日程。[3]

二、马来语复兴计划的相关举措

语言是建构民族认同的重要元素，作为多元族群国家，马来西亚自独立以来便十分重视国语发展，政府先后出台相关法令来确定马来语的国语地位并督促国民使用马来语。1957年《独立宪法》确定马来语为国语，《1963/67年国语法令》通过专门立法的方式进一步巩固了马来语作为唯一国

---

[1] 资料来源于Sinarharian网站（读取日期：2022年11月2日）。
[2] 资料来源于Sinarharian网站（读取日期：2022年11月2日）。
[3] 资料来源于Bharian网站（读取日期：2022年11月2日）。

语的地位。《1957年教育法令》《1961年教育法令》《1996年教育法令》等逐步明确了马来语在国家教育体系中的使用规范，政府以在马来西亚建立单语教育体系为最终目标，通过强制性措施大幅缩减以英语、华语、泰米尔语为教学语言的学校规模，并且保留下来的学校也必须将国语设为必修课程，以此强化国语的使用。此外，政府自20世纪60年代起便开始举行"国语月"和"国语周"活动来促进马来语的应用，并且还通过与国外高校达成交流合作、举办马来语国际演讲比赛等方式推动马来语在国际社会的传播，提高其影响力和知名度。尽管政府已经从多方面努力，但马来语的发展和使用仍然不尽如人意，在马来西亚社会中仍然存在大量不使用国语或者错误使用国语的乱象，马来语在国际上的地位也面临重重危机。为了提升马来语在国内和国际社会中的地位，伊斯迈尔·沙必里在2021年上台以后在不同领域采取了多项新举措。

（一）规范和强化马来语使用

马来西亚政府一直以来都致力于规范和强化公务员的国语使用，希望以公务员群体高水平的国语素质带来示范效应，将积极影响辐射到广大群众当中。由于语言使用场合的原因，相较于普通民众，政府对公务员马来语使用规范的约束力度和监督力度更强，因此进一步规范和强化公务员群体的马来语使用成为伊斯迈尔·沙必里政府的政策重点之一。20世纪60年代，为了促进公务员群体的马来语使用，马来西亚政府开设了专供其学习的马来语课程，并将公务员的升职提薪与马来语水平挂钩。此外，该国政府分别于2006年、2011年和2020年颁布《关于在公共部门强化国语使用的措施》《公共部门国语使用指南》《关于强化公共部门国语使用的告知书》等政府令以明确公共部门国语使用的具体规范和要求，在使用、监督、评定等层面逐步细化对公务员群体使用国语的具体要求。在此期间，虽然该国公共部门的国语使用指南不断更新，国语使用审查与考评体制也趋于完善，但仍然存在政府人员在职期间不使用马来语的情况，并且公务员在国际事务中的语言使用规范也存在空白。针对这些问题，政府于2022年8月

9 日颁布政府令《关于强化公共部门马来语使用的告知书》，再次强调政府人员必须在所有官方事务中使用马来语，并且规定在马来西亚举办的国际会议、双边或多边会晤中，马来西亚的发言人必须使用马来语，并配备英语或其他语言翻译。要求公务人员在国际事务中使用马来语发言不仅会增加马来语的国际曝光度，同时也能在一定程度上激发普通民众的国家荣誉感和爱国热情，伊斯迈尔·沙必里政府希望通过公务员群体的使用带动马来西亚社会的国语热。

除了颁布政府令规范与强化马来语在公共部门的使用外，政府还着力加强对马来语使用的监督，并且尝试通过立法的方式来规范马来语使用。由于马来西亚此前并没有针对监督国语使用的法律条文，这使政府各项法令和规范的落实情况大打折扣。因此，政府计划修订《1959 年国家语文局法令》，聚焦国家语文局的监督职能，旨在通过授予其执法权，产生威慑作用，减少马来西亚社会中"不尊重国语"的现象。据媒体透露，法令修正案草案中建议对"不尊重马来语作为国语地位"的个人处以不少于 50,000 林吉特的罚款或监禁。[1] 尽管针对"不尊重马来语作为国语地位"的具体定义和界限尚不明了，但监督制度的完善将改善国内的马来语使用乱象。此外，此次法案修订还将制定其他相关条款促进马来语使用，例如，使国家语文局能够基于有效的法律在国际层面发展马来语言文学；允许国家语言局设立组织，发挥商业职能以开展与语言、文学和出版等相关的计划；明确和健全国家语文局作为国家主要语言机构的其他职能，包括认证、评级、许可、执法、注册和国际化等领域。[2]

（二）提升马来语国际化程度

除了在马来西亚国内要求官方人士和普通民众规范使用马来语之外，在国际层面政府也在尝试通过各种方式来提高马来语的国际地位，提升马来语在国际上的知名度，其中重要的举措是尝试推动马来语成为东盟第二

---

[1] 资料来源于 Bharian 网站（读取日期：2022 年 9 月 22 日）。

[2] 资料来源于 Dewanbahasa 网站（读取日期：2022 年 10 月 9 日）。

官方语言，以提高马来语的国际地位。2022 年 3 月 23 日，时任总理伊斯迈尔·沙必里在国会上议院质询中表示，马来西亚将和东盟各国（以使用马来语作为沟通语言的国家为主 [1]）领导人商讨将马来语作为东盟第二官方语言的事项，以此来提高马来语在国际社会上的地位。这项提议也是伊斯迈尔·沙必里政府马来语复兴计划中受关注度最高的一环。事实上，早在马六甲王朝时期，马来语就曾作为马来群岛的贸易语言和媒介语。当下，马来语在东南亚地区有 3 亿多使用者，在东盟十国中，有四个国家的官方语言是马来语，即马来西亚、文莱、新加坡、印度尼西亚。此外，在泰国南部、菲律宾南部以及柬埔寨、越南等地也存在大量将马来语作为交流语言的居民。因此，将马来语发展为东盟第二官方语言是具备一定可行性和可能性的。如果马来语能够成为东盟第二官方语言，那么马来语在国际社会和东南亚地区的知名度和地位将大幅提升，这也将间接提升马来西亚国民对国语的认同。

除了在官方层面提高马来语的地位外，伊斯迈尔·沙必里政府还试图加强国际交流与合作，增加马来语的国际曝光度，通过健全学术交流机制以及举办年度学术峰会等，激发学者研究热情，提高马来语的讨论度。2022 年 5 月 22—24 日，马来西亚举办了为期三天的马来语国际化研讨会，来自世界各国的专家分别针对马来语在教育、法律、经济、外交、管理、科技以及多媒体与通信等领域的成就及今后的发展进行了研究探讨。在开幕式上，伊斯迈尔·沙必里宣布将研讨会确立为年度性会议。[2] 此外，政府提出要加强与各国高等学府的合作，把握留学生资源，通过赴马留学生和赴海外马来语教师的双向交流，促进马来语的传播，政府也将有选择性地在其他国家高等学府开设马来语课程，并派遣马来语教师前往交流教学。[3] 同时，高等教育部也将推出政策，规定赴马留学生必须学习马来语课程，并且参加类似于托福、雅思的等级考试。此外，政府强调要注重翻译人才培养，通过将马来西亚书籍和马来文学作品翻译成其他语言，促进马来西亚文化

---

[1]　资料来源于 Umnoonline 网站（读取日期：2022 年 9 月 20 日）。
[2]　资料来源于 Dewanbahasa 网站（读取日期：2022 年 10 月 20 日）。
[3]　资料来源于 Bharian 网站（读取日期：2022 年 9 月 19 日）。

的传播。值得注意的是，2022 年 2 月 22 日，中国外文局和马来西亚汉文化中心共同在线上举办了中马国际翻译资格认证考试（CATTI）发布仪式暨专家委员会成立仪式。首次考试也于 2022 年 12 月 18 日在马来西亚全境和中国部分城市顺利进行，该项考试在两国的成功落地，为中马翻译从业人员提供了行业标准规范，也在一定程度上提升了马来语的国际影响力。

（三）巩固和加强马来语教育

从国语教育入手是从源头上提高国民国语水平和国语认同的重要方式，巩固和强化马来语在教育领域的地位是伊斯迈尔·沙必里政府复兴马来语地位的重要举措之一。在中小学教育领域，政府提出将进一步巩固以马来语作为教学媒介语的国民学校作为主流教育体制的地位，重新审查双语项目等弱化马来语在教育领域地位的项目。[1] 在高等教育领域，为保证马来语作为高等教育媒介语计划的有效性，政府将推动马来西亚翻译和书籍学院（ITBM）的发展，加速国外前沿知识的翻译工作，持续推进马来语成为高等教育的知识型语言。[2] 这样的举措不仅能够切实地提高马来西亚年轻一代的国语水平和国语认同，还能丰富和发展马来语的语料库。此外，伊斯迈尔·沙必里还提出要为在国外大使馆工作的外交人员及其子女开设马来语课程，加强在外人员的马来语教育。

三、马来语复兴计划提出的动因

早在 7 世纪时，马来语便是室利佛逝王朝的官方语言，其影响力遍及整个马来群岛。在殖民者踏足东南亚之前，马来语也曾是马来群岛地区众多王朝的官方语言，被广泛地用于行政、司法、宗教等领域。丰富的自然资源和得天独厚的地缘优势使马六甲海峡成为世界最繁忙的贸易通道之一，

---

[1]　资料来源于 Dewanmasyarakat 网站（读取日期：2022 年 10 月 20 日）。

[2]　资料来源于 Bharian 网站（读取日期：2022 年 9 月 19 日）。

马来语也自然成为这一地区的贸易语言。在这一时期，已经开始出现马来语与其他语言之间的译本，包括马来语—中文、马来语—意大利语、马来语—英语等。然而，欣欣向荣的马来语却由于殖民者的到来迅速显示出颓势。英国殖民马来亚以后，开始在行政、司法、教育体系中引入英语。日本占领马来亚期间，向当地民众灌输日语、日本文化和价值观，大幅挤压了马来语的生存空间，马来语的发展几乎停滞不前。独立后，族群冲突、全球化冲击以及社交网络媒体的兴起等因素在不同时期都曾对马来语发展带来巨大阻碍。因此，马来西亚历届政府都曾将发展和提高马来语地位作为关注重点，也依据现实情况多次推出过相关政策。进入 21 世纪以后，由于经济全球化的影响和国家工业化的需要，马来西亚政府开始强调掌握英语的重要性，并且鼓励国民掌握英语以顺应时代发展趋势，在语言使用问题上倾向多元化。然而，伊斯迈尔·沙必里上台后却再次聚焦提高国语地位的话题，推动马来语在国内和国际的再次繁荣也成为伊斯迈尔·沙必里政府执政时期推出的主要政策之一。仔细分析不难发现，一系列政策的提出背后隐藏了社会、经济、政治等多方面的考虑。

（一）复兴马来语，提高国语地位

不可否认，与马来语发展的鼎盛时期相比，现代马来语的发展状况和地位的确不如人意。作为马来西亚国语，其交际功能在逐渐萎缩，实际地位也正在不断下降。马来语的发展现状通过图书出版领域可窥一斑，在吉隆坡的书店中，英文书籍通常在空间分配上明显占主导地位，且品种丰富、来源多样；中文书籍次之，所占空间也相当可观；马来文书籍的陈列柜则位于书店内不起眼的角落，空间狭小，种类亦不丰富，多集中在宗教、文学、翻译作品及教辅读物。在电影院，美国好莱坞大片往往只打上马来语字幕，对白不加同声传译就直接上映（钱伟，2022）[56]。在马来西亚出品的电视剧、电影甚至公益广告中，各个角色时常在表达中夹杂不少英文词汇。甚至，在新闻出版物中，也会呈现出使用英语借词而非本土词汇的趋势，比如用 hospital（医院）代替 rumah sakit，用 radio（收音机）代替 peti suara

等（钱伟 等，2021）[77]。在教育领域，以英语为教学媒介语的私立学校蓬勃发展，再加之经济全球化的快速发展，英语作为优质教育和商务贸易的媒介语，逐渐成为上层阶级的象征。这样的导向使得马来西亚民众更加青睐于使用英语而并非马来语，甚至认为使用马来语代表能力的缺失。2021 年，马来西亚时任环境与水务部部长易卜拉欣在《联合国气候变化框架公约》第 26 届缔约方会议中使用马来语发言，竟然因此在国内受到英语能力不足的批评。[1]正如伊斯迈尔·沙必里所说，使用非马来语已经在私人机构、政联公司甚至政府机构中成为一种趋势。综合马来语现如今面临的严峻形势和发展困境，伊斯迈尔·沙必里政府大刀阔斧地提出一系列规范使用国语的政策的动因之一便是提高国语的地位和竞争力，纠正国内对于国语使用的消极观念，保证国语在官方机构和官方事务中的全覆盖。针对国民以讲英语为荣的心态，伊斯迈尔·沙必里多次提及马来语发展的辉煌历史，呼吁国民提高信心，以说马来语为豪。同时，针对社会中国语使用不当的行为，伊斯迈尔·沙必里政府则意图通过法律手段来进行监督和纠正。总之，不如人意的马来语发展现状是伊斯迈尔·沙必里推出一系列政策的动因之一。

（二）团结国民，复苏国家经济

除了改善马来语发展现状之外，促进马来西亚多元社会的融合也是伊斯迈尔·沙必里政府的重要考量因素。作为一个多元族群和多元文化国家，族群分裂问题贯穿了马来西亚社会发展的始终。同时，宗教信仰自由政策也促使马来西亚社会存在基于宗教差异的社会分层。独立以来，国家经济和工业化的发展带动了社会部分阶层人民的富裕，然而不平衡、不充分的发展也使得教育、医疗、财富等社会资源的分配不甚公平，马来西亚社会各阶级之间的矛盾也开始逐渐突出。除此之外，马来西亚不同地区之间的发达程度也呈现出不均衡的特点，西马和东马的发展程度差距尤为明显。即使是在西马地区，也存在吉兰丹、登嘉楼等比较贫困的州属。换言之，

---

[1] 资料来源于马来 Dewanbahasa 网站（读取日期：2022 年 10 月 20 日）。

现在的马来西亚社会存在基于族群、宗教、阶级、地域等不同种类的社会分层，社会碎片化程度高，国民团结程度低。

自 2020 年以来，在新冠疫情全球大流行的背景下，以旅游业、服务业等为国家支柱产业的马来西亚受到了极大冲击。同时，政府还在抗击疫情方面投入了大量资金，包括失业金、补助金、疫苗注射费用等。在马来西亚 2021 年财政预算案中，疫情专设资金就达到 170 亿林吉特，占财算案总额的 5.27%。[1]2022 年，该金额上升至 230 亿林吉特，占财算案总额的 6.92%。[2] 除此之外，政府还开设了多项补助项目，针对失业人群、单身群体、单亲家庭以及低收入群体和中等收入群体每月发放不同的补贴金，在 2022 年，上述群体分别能领取 300—2,500 林吉特。国家财政收入和支出的不平衡，使得马来西亚在面临公共卫生危机的同时也背负着极大的经济压力，国家工业化、现代化步伐几乎停滞。团结国民，消弭分裂，积极推动全民参与疫后经济复苏是马来西亚现在面临的主要任务之一。语言是建构国家认同的重要因素，共同的国家意识也是促进国民团结的关键。在国家处于疫后"百废待兴"的时期，伊斯迈尔·沙必里政府不断强调提升国语地位，实则也是期待提高国民对于国语的认同，进而转化为对国家的认同，最后达到上下一心，齐心投入国家建设的目的。这也与伊斯迈尔·沙必里上台提出的"马来西亚一家亲"概念一致，即呼吁国民搁置分歧，消弭分裂，齐心协力面对新冠大流行带来的挑战并积极投身于 2030 年共同繁荣愿景的建设中。[3]

（三）打造形象，笼络选民支持

自第十四届大选以来，马来西亚的政治局势一直处于动荡之中。短短四年，历经三任总理，且每任总理也仅获得半数左右国会议员的支持。近年来，马来西亚的每一任总理都面临着稳定政治局势，争取民众支持的难

---

[1]　资料来源于马来西亚财政部网站（读取日期：2022 年 12 月 9 日）。

[2]　资料来源于 Mysumber 网站（读取日期：2022 年 12 月 9 日）。

[3]　资料来源于马来西亚安全委员会网站（读取日期：2022 年 12 月 9 日）。

题，伊斯迈尔·沙必里也不例外。虽然伊斯迈尔·沙必里上台后立即与希望联盟签订了《改革和政治稳定谅解备忘录》，承诺2022年8月前不会解散国会，但马来西亚将提前解散国会的传言一直甚嚣尘上。一方面，伊斯迈尔·沙必里政府不断受到反对党针对其政权合法性的质疑；另一方面，马来民族统一机构（巫统党）主席扎希德一派更是基于巫统在柔佛、马六甲、沙巴等州选的出色成绩不断催促提前解散国会，举行大选。也就是说，伊斯迈尔·沙必里的任期实际上已经进入了马来西亚大选的预热阶段。政府需要在大选来临之前推出自己的政策重心以作为吸引支持和关注的政治抓手，而这一抓手便是复兴国语地位的形象。

语言被带入政治领域，就成了一个具有象征意义的符号。事实上，语言地位的提高并不能通过强制性的措施一蹴而就，而是需要通过长期耕耘才能逐渐提高。比起推动文学作品、图书业等发展语言本身内涵的政策，伊斯迈尔·沙必里显然更加重视一些显性度和话题性更高的举措，比如在国内外官方事务中使用马来语，推动马来语成为东盟第二官方语言，修改法令增加处罚措施以监督马来语的使用等。这样的政策在短时间内可以更快地让选民们看到或感受到马来语地位的提升。伊斯迈尔·沙必里毕业于马来亚大学法学系，曾担任过青年体育部部长、农业及食品工业部部长、乡区发展部部长等职。纵观其职业生涯，从未担任过与语言相关的职务，在其成为总理之前也从未曾提出过复兴马来语的任何观点。而在其政权岌岌可危，马来西亚大选即将来临的时期，却高调地呼吁国民以使用马来语为豪。当一位从来没有真正关注过语言的人，突然开始挺身而出，站在捍卫语言地位的最前沿时，语言或许就成了他获得权力的诱饵。这样的手段其实在马来西亚政治史上并不少见，语言作为民族认同的重要因素，在过去也常常被政客作为拉取选民支持的筹码。因此，政治因素也是伊斯迈尔·沙必里政府推行复兴马来语地位的关键动因之一。

伊斯迈尔·沙必里政府看似只聚焦国语地位提升的马来语复兴运动，实际上则是受到了社会、经济、政治等多重因素的助推。首先，基于马来语发展的窘迫现状，马来语作为马来西亚国语的地位的确需要捍卫和提升；其次，在后疫情时代，马来西亚需要通过国语认同加强国家认同从而团结分裂的国民，使全民积极投身于国家的建设中；最后，在马来西亚新一届大选的预热阶段，伊斯迈尔·沙必里政府需要树立一个致力于国语地位提升的形象，从而博得选民，特别是马来人选民的支持。综合政府的实际行动来看，政治因素或成为其马来语复兴运动的最主要因素。

四、马来语复兴计划落实的挑战

虽然从独立开始，马来语便成为马来西亚唯一的国语，但相较于其他国家而言，马来西亚国内民众对于国语认同感却普遍偏低。因此在各个时期，马来西亚社会都曾不断地喊过复兴马来语的口号，马来西亚官方也曾循序渐进地推行过不同的政策以改善马来语地位。但就结果来看，马来语地位的恢复和国人对国语认同感的提升始终不能达到让人满意的程度。伊斯迈尔·沙必里上台后，政府重新提出复兴马来语的号召，从多个维度提出了新的举措，但由于其政策本身的局限性和马来西亚的社会现状，马来语复兴运动计划仍然面临多重挑战。

（一）政策的科学性不足

衡量一项政策是否能够有效地解决问题，首先应剖析问题形成的根本原因，若是不能做到对症下药，任何声势浩大的政策最终也只能是治标不治本。马来西亚社会对于国语的认同感低已经是毫无疑问的事实，然而这一问题的产生却是该国在建国和发展过程中多重因素作用的结果。

第一，族群因素是影响国语普及的首要因素。马来西亚有三大主要族群，即马来人、华人和印度人。根据马来西亚第六次人口普查数据显示，2020年马来西亚土著（包含马来人、马来半岛原住民、沙巴和沙捞越原住民）人口占 69.4%，华人占比 23.2%，印度人占比 6.7%，其他民族占比 0.7%。[1] 马

---

[1]　资料来源于中国新闻网（读取日期：2022 年 4 月 1 日）。

来西亚现行的教育体系中仍然存在不少以华语和泰米尔语为教学媒介语的学校，尽管马来语仍然是这类学校的必修课程，但多元化的教育体系必然会降低华人和印度人对于国语的熟练度和认同感。据统计，非马来人受到母语的影响也是马来西亚商业广告牌中出现错误使用国语现象的重要因素之一（Nordin et al，2014）。

第二，全球化潮流的冲击阻碍了马来语的发展。随着科学技术和经济全球化的发展，人类在经济、教育、社会领域的沟通交流愈来愈显示出跨国界的特点。作为全球性的经济语言、知识语言、沟通语言，英语的重要性也在随着全球化的发展而不断提高。为了顺应时代发展的潮流和搭上经济发展的快车，马来西亚开始在语言教育中强调掌握英语。《1996 年教育法令》重新将英语编入课堂成为必修科目，同时给予教育部部长权力，可以允许部分学校以非马来语作为教学媒介语，主要是以英语作为教学媒介语的私立学校（巫雪漫，2018）。2003 年，时任总理马哈蒂尔宣布中小学应使用英文来教授数理科目，以促进学生们对英语的掌握。虽然这项政策由于未能达到预期效果于 2012 年被废除，但却足以显现出马来西亚在全球化背景下对英语的重视。马来西亚国民确实也通过掌握英语这项技能获得了更多的学习、就业机会。于是，这种自上而下和自下而上的双重推力共同造就了马来西亚将讲英语视为进步、讲马来语视为落后的社会氛围。

另外，马来语这门语言本身也还存在一定的缺陷，这在一定程度上也降低了民众使用马来语的热情。由于殖民者的到来，马来语的发展在 19 世纪后基本进入了停滞期，虽然在独立后，政府出台了一系列举措来发展马来语，但其词汇量、语法体系仍然不如世界其他主流语言健全。自 1956 年起，国家语文局便开始开展造词计划，迄今为止已经造出超过一百万的各个领域的新词。但随之而来的就是新造的马来语词汇与参考词汇不能一一匹配的问题。比如英语单词 crown 在马来语中对应的词汇分别有 jemala、silara、puncak、perdu、laur、korona。多个词语可以表达相同的意思会使得马来语使用者对单词的选用产生疑惑，进而在表达与沟通交流时感到困惑，这使得民众更倾向于使用英语。据调查显示，在科学技术和工程领域，有超过 12.7% 的源语言词汇在马来语中能找到至少两个对应的词汇（Kasdan et

al，2017）。尽管马来西亚已经成立了基础科学与应用科学术语协调委员会
（JKPISASG）和人文社会科学术语协调委员会（JKPISKK），并且也与文莱、
印度尼西亚达成合作，组建文莱、印度尼西亚和马来西亚语言委员会术语
协调委员会来着手规范相关术语的使用，但这一问题实际上仍然未能完全
解决。

综上所述，马来语所面临的困境实则是由族群因素、全球化发展以及
马来语本身缺陷等多重因素共同作用的结果，这些深层次的结构性问题是
难以通过短期内的强制措施解决的。伊斯迈尔·沙必里政府的一系列举措
总体来看比较流于表面，未曾触及造成马来语发展困境的根本原因。比如，
作为一个十分依赖于旅游业和进出口贸易的港口国家，在国际会议上用马
来语发言以及在政府官方事务中强制只使用马来语，实际上对于减缓英语
对马来语的影响收效甚微。基于法律手段的惩罚措施也难以切实改变马来
西亚社会多元语言交流的现实。因此，马来语复兴运动面对的首要挑战就
是，相关政策本身缺乏科学性，不能从根源上解决马来语的困境问题，在
实际运行中很难达到预期效果。

（二）马来语复兴计划号召力有限

虽然伊斯迈尔·沙必里复兴马来语的口号一经喊出，便掀起政府部门相
继推出相关举措的热潮。然而，马来西亚社会仍然存在对于政府相关措施
的质疑声。其中，针对政府要求在一切官方事务中使用马来语的举措批评
声最大。马来西亚国际贸易与工业部前部长丹·斯里·拉菲达·阿齐兹便
对这一政策提出了质疑。她认为，马来西亚作为首选的投资和商业目的地，
沟通应该简化和有效，并且在具有针对性和战略性的领域，官员使用英语
沟通的能力是吸引高质量投资的因素之一。[1] 砂拉越州首席部长拿督·巴丁
宜·阿邦·佐哈里更是在联邦政府大力推行复兴马来语计划，并且明确要求
所有公务员必须在国内外官方事务中使用马来语的大背景下，宣布砂拉越

---

[1] 资料来源于 Astroawani 网站（读取日期：2022 年 9 月 27 日）。

州政府将继续在官方事务和日常事务中使用英语。[1] 时任反对党领袖安瓦尔也批评道，发展语言不是零和博弈，政府应该意识到英语作为国际社会主要的知识性语言、贸易性语言的重要性。[2] 由此可见，在马来西亚国内，马来语复兴运动并非是一呼百应的。在执政联盟当中，联邦政府提出的政策未能完全得到各州政府的全力支持，砂拉越州政府的声明使得该措施无法在全国层面真正落地生效，这显示出马来语复兴运动号召力的有限性。同时，反对党持续不断的批评声音也在一定程度上会引导社会舆论，为马来语复兴运动的具体实施带来不利影响。

在国际层面，伊斯迈尔·沙必里政府将马来语发展为东盟第二官方语言的宏愿也面临重重阻碍。2022 年 3 月 23 日，伊斯迈尔·沙必里在国会上议院正式提出，马来西亚将和东盟各国（以使用马来语作为沟通语言的国家为主）[3] 领导人商讨将马来语作为东盟第二官方语言的事项。4 月 1 日，伊斯迈尔·沙必里在访问印度尼西亚期间，向印尼总统佐科表达了希望将马来语作为东盟第二官方语言的愿望。然而，4 月 5 日，印尼教育、文化、研究和技术部部长纳迪姆·安瓦尔·马卡里姆却以印尼语更适合作为东盟官方语言为由，公开对这一提议表示反对。[4] 同时，印尼学界也普遍认为，马来语作为该国数千种方言的一种，无法代表印尼的官方语言，印尼政府应当利用自身优势，将印尼语发展成为东盟第二官方语言。[5] 就印尼官方和学界社会的反应来看，印尼对于将这门曾经在马来群岛地区广泛使用的语言作为东盟第二官方语言的计划没有异议，其主要的质疑点在于这门语言的名称选择上，印尼无法认同"马来语"作为东盟第二官方语言。马来西亚政府将马来语发展为东盟第二官方语言的理想一走出国门便遭遇挫折，邻国的冷淡反应也显示出该项倡议国际号召力不足的特点。回溯历史，马来语的繁荣发展离不开稳定强大的政府和强劲的国力，比如在室利佛逝王朝和马六甲王朝时期。而在当下，马来西亚国内政党斗争激烈，政府的稳定性难以得到

---

[1]　资料来源于 Sarawakvoice 网站（读取日期：2022 年 9 月 27 日）。

[2]　资料来源于 MalaysiaGazette 网站（读取日期：2022 年 9 月 28 日）。

[3]　资料来源于 UMNOONLINE 网站（读取日期：2022 年 9 月 20 日）。

[4]　资料来源于 Bharian 网站（读取日期：2022 年 9 月 20 日）。

[5]　资料来源于 JurnalNews 网站（读取日期：2022 年 9 月 20 日）。

保证，并且在后疫情时代国家经济增长乏力，国内投资和经商环境也受到相应影响。基于此，在早已国际化的全球知识性、贸易性语言——英语以及亚洲新锐经济语言——中文的衬托下，马来语国际化的吸引力和性价比就显得相对较低。

尽管伊斯迈尔·沙必里政府从不同维度提出了复兴马来语的政策，但其在实施过程中仍然面临着不同方面的挑战。马来西亚社会对于国语的认同偏低实际上是独特的人口比例结构、英语等全球性语言的冲击、马来语本身存在的缺陷等多重因素共同作用的结果，且目前看来马来语复兴计划相关政策缺乏从深层次解决这些问题的实力。如何切实推出有效的政策措施，着眼根本，稳步提高社会对于国语的认同感是伊斯迈尔·沙必里政府面临的首要挑战。此外，伊斯迈尔·沙必里政府推出的马来语复兴运动的号召力也存在一定局限性。在国内，砂拉越州政府的声明与联邦政府的号召背道而驰，在国际层面，马来语作为东盟第二官方语言的计划遭受冷遇，如何切实保障政策从口号到真正落地生效也是政府面临的重要挑战。

五、结语

复兴马来语的地位，提高国民的国语认同，一直是马来西亚社会反复提及的热点，也是马来西亚政府无法在短期内解决的难点。马来西亚国民对于国语认同感相对较低的问题由来已久，是殖民历史、族群状况、全球化冲击等多重因素共同作用的结果。伊斯迈尔·沙必里政府提出的马来语复兴计划实际上很难触碰到问题的根本，想要切实提高全体国民的国语认同感，马来西亚政府需要摒弃"雷声大雨点小"的政策，仔细研究推出行之有效的科学办法，并付出经年累月持之以恒的努力。需要注意的是，马来西亚第15届大选已于2022年11月落下帷幕，伊斯迈尔·沙必里所在的国民阵线在大选中未能取得理想成绩，马来西亚组成了以希望联盟为主导的团结政府，安瓦尔成功担任总理，伊斯迈尔·沙必里连任总理梦碎，其主导的马来语复兴计划未来走向成谜。如果从政治考量这一层面来说，伊斯迈尔·沙必里通过马来语复兴计划吸引选民支持的目标无疑是以暂时失败告一段落的，未来马来语复兴计划将如何发展也有赖于新一届政府的相关态度和举措，值得我们继续关注。

参考文献

KASDAN J, HAROON H A, PA N S C, et al. 2017. Ketidakselarasan istilah bahasa Melayu dalam korpus kejuruteraan dan S&T: analisis sosioterminologi[J]. Jurnal Linguistik, (1): 1-13.

NORDIN M Z, ARIFFIN M T, BAHARI K A, et al. 2014. Analisis kesalahan pengunaan bahasa papan tanda perniagaan[J]. Procedia-social and behavioral sciences, (134): 330-349.

钱伟，陈怡君，2021. 马来西亚语言的"马赛克现象"[J]. 现代语文，（2）：77.

钱伟，2022. 马来西亚国语的困境 [J]. 世界文化，（3）：55-57.

巫雪漫 . 2018. 马来西亚语言教育政策演变及其对华文教学的影响 [D]. 北京：中央民族大学 .

The Approach and Logic of the Malay Language Revival Project

LIU Yong, FAN Binsha

Abstract: Since independence, Malay language has been established as the national language of Malaysia. However, there has always been a lack of language recognition and non-standard use of Malay language in Malaysian society. Historically, successive governments have adopted various ways to improve the status of the Malay language in order to promote national recognition and the use, but generally with little success. After the former Prime Minister Ismail Sabri came into power in 2021, he proposed to promote the Malay Language Revival Project by regulating and supervising the use of the Malay language, promoting the internationalization of the Malay language, and consolidating and strengthening Malay language education. In addition to promoting the use of the language and improving the status of the national language, the relevant projects also contain considerations to stimulate the national economy and gain political support. However, in addition to certain defects at the policy level, the above-mentioned project also lacks international appeal for its "Malay language as the second language of ASEAN" project, and the effect of its implementation remains to be seen.

Keywords: Malay Language; Revival Project; internationalization of Malay Language

（责任编辑：苏莹莹）

泰国历史上爵衔制度的发展变化及其阶段特征

李珣泽

内容提要：阿育陀耶中期，随着萨迪纳制的出现，泰国根据自身历史文化特点，借鉴邻国制度，建立了一套高下有别、等级严格的爵衔制度。爵衔制度的建立有力地维护并稳定着泰国封建社会生活秩序，在泰国历史发展中发挥着重要的作用。本文查阅了与泰国爵衔制度有关的中文、泰文、英文史料文献，着重梳理了历史上不同阶段泰国爵衔制度的发展变化，并对泰国爵衔制度的阶段特征及其发展变化的深层次原因进行探讨。

关 键 词：泰国；外国历史；爵衔制度

作者简介：李珣泽，硕士研究生学历，现就职于北京故宫博物院科研处，文博馆员，主要从事明清中国东南亚（暹罗）物质文化交流、泰国历史研究。

爵衔，根据泰国官方的定义，即"由国王颁赐给贵族的一种表示地位或身份的称号"。[1] 泰国的爵衔制度成熟于萨迪纳制 [2] 的确立，并通过借用高棉和缅甸爵衔制度逐渐成为一个复杂的体系。泰国不同历史时期，爵衔的类别不同。

在素可泰时期，爵衔制度尚不完善，但已有关于贵族的称谓，例如，称呼国王为坤（Khun），称呼高级官员为"万户"（Myyn）、"千户"（Phan）。在阿育陀耶早期，主要表现为对高棉语爵衔的借用，如披耶（Phajaa）、翁耶（Oogjaa）、翁帕（Oogphra）、翁銮（Oogluag）。在阿育陀耶晚期，披

---

[1] 资料来源于泰国《皇家社会办公室》网站（读取日期：2020 年 8 月 6 日）。

[2] 萨迪纳制的主要内容为土地王有，是一种按照官吏爵衔等级进行土地分配的制度。

耶（Phrajaa）这一爵衔形成了固定拼写和使用方法，并增加了昭披耶
（Cawphrajaa）这一爵衔，爵衔等级进一步制度化。在曼谷王朝时期，又增
加了颂德昭披耶（Somded cawphrajaa）这一爵衔。泰国的爵衔制度是一个逐
渐发展完善的过程。

经济基础决定上层建筑，泰国爵衔制度与其经济基础分不开，爵衔制
度的发展和消亡与生产资料分配占有制有密切的关系，土地是封建社会最
重要的生产资料，土地占有制是泰国爵衔制度存在的重要经济基础。泰国
的土地占有制度的变化，从早期的食邑制到后期的萨迪纳制，是促成其爵
衔制度发展的主要原因。而19世纪中叶，泰国被迫融入世界资本主义贸易
体系，由此导致的封建社会的解体，是促成爵衔制度消亡的根本原因。

一、爵衔制度发轫期：爵衔体系的初创

素可泰王朝至阿瑜陀耶早期，是泰国爵衔制度的发轫期。爵衔制度的
产生首先体现在爵衔种类和称谓的产生上，对此时期爵衔种类、称谓的分
析，有助于我们深入认识发轫期的爵衔制度。

（一）早期爵衔体系：坤（Khun）、"万户"（Myyn）、"千户"（Phan）
与高棉爵衔

阿瑜陀耶早期爵衔包括：披耶（Phajaa）、翁耶（Oogjaa）、翁帕
（Oogphra）、翁銮（Oogluag）、翁坤（Oogkhun）、翁汶（Oogmyyn）、翁
攀（Oogphan）。这些爵衔自阿瑜陀耶早期以来成为泰国爵衔制度的一部分，
但此时期这些爵位的前缀是高棉语 Oog（翁）（Jones，1971）。其时，翁汶
（Oogmyyn）、翁攀（Oogphan）尚代表有一定地位的官员（后期则变为封建
地主阶级的最下层）（邹启宇，1982），披耶（Phajaa，后拼写为 Phrajaa，与
之前的拼写和用法有异）这一爵衔在当时还没有形成稳定的用法（Jones，
1971）。昭披耶（Cawphrajaa）这一爵衔尚未出现。

关于早期爵衔名称的由来，笔者根据现有资料分析认为有两个大的来源：其一，根据自身历史、语言、文化传统的自主创发；其二，对高棉语爵衔的借用。

坤（Khun）、"万户"（Myyn）、"千户"（Phan）三个爵衔名称或是自主创发而来。此在素可泰时期表现明显，其时，称呼国王为坤（Khun），称呼官员为"万户"（Myyn，泰语发音近似"万"）、"千户"（Phan，泰语发音近似"千"）。根据谢远章的考证，这三个早期爵衔或受中国古代封建社会典章制度的影响，来源于古代中国的称谓，由当时的泰—傣民族使用当时的语言翻译而来。关于坤（Khun），坤与汉字"君"的读音近似，且泰—傣古代的坤和中国历史上的君有许多相似或相应之处，坤可能源于"君"。坤在现代泰语里是指封建官僚或小贵族的爵号，但是在古代，坤的含义是帝王，素可泰王国最初的国王均称为坤，后来印度佛教和婆罗门教影响加深后才不称坤（谢远章，1990）。关于 Myyn 和 Phan，素可泰时期以 Myyn 和 Phan 作为官员的头衔或许受汉代的"万户候"或元代"万户""千户"的影响（谢远章，1989）。阿育陀耶早期，这些早期使用的爵衔称谓被保留下来，但是地位降低，受高棉制度的影响，使用时在前面加了前缀 Oog（翁）。

翁耶（Oogjaa）、翁帕（Oogphra）、翁銮（Oogluag）借用自高棉爵衔。由于历史上战争和人员的交流，高棉对泰国的各种制度的影响不容忽视，这在爵衔的借用上也有反映。正如苏联学者尼·瓦·烈勃里科娃在论述泰国古代社会形态演进时认为："在泰族部落原始公社制度瓦解条件下，产生了封建经济结构的成分和前提，这些成分和前提同泰族在高棉帝国所接触到的社会关系相互影响，暹罗封建制度便是在这种相互影响的过程中形成的。"（烈勃里科娃，1974）在具体的爵衔制度方面，许多规定在早期的老挝和泰北等其他泰人群体中没有出现（如爵衔的因袭降低），泰国应是参照了高棉的制度（Jones，1971）。

披耶（Phajaa）同样借用自高棉爵衔。在古代素可泰对国王的称谓是"坤"，不久被同样来自高棉的"披耶"所取代，例如，1392 年的第 45 号素可泰碑，提到被认为是素可泰国王的披耶吾南通，披耶是爵衔，南通是名字（谢远章，1989）。后来这个称谓又被更高级的高棉称谓所取代，据《芒莱法典》英译本记载，当时最高统治者芒莱王被称为"昭披耶"，而"昭披耶"在曼谷王朝时期仅是一个地位较高的贵族的爵衔（何平，2006）。以上只是暹罗借用外来爵衔称谓的一部分，在这种方式下，历史上大多数官员的爵衔都被借用和调整，最终和高棉爵衔制度相似。除了高棉对泰国爵衔的影响，还有缅甸对泰国爵衔的影响（例如，昭法这个爵衔是从缅甸流传到泰国的）（Jones，1971）。泰国历史上爵衔借用是逐渐进行的，借用的新爵衔附加在原来的爵衔上，新的爵衔地位更高，原来的爵衔地位降低。

（二）食邑制与爵衔体系的初创

素可泰王朝至阿瑜陀耶早期，是食邑制逐渐成熟的时期，也是泰国爵衔制度的发轫时期。此时期泰国封建制度尚不成熟，爵衔制度尚不完善，主要内容体现为借用高棉语爵衔和自身的创发形成爵衔体系雏形。体现爵衔等级地位的封地数量还没有统一规定。关于此时期的土地的分配，国王占有一定的土地，剩余土地则分封给大小的领主，这些大小领主的封地数量不确定，更多表现为"食某城"，是一种粗略的土地控制制度。这种粗略的土地控制制度是爵衔制度发轫的经济基础，也是此时期爵衔制度的根本特点。

关于食邑制，我国学者邹启宇在论及萨迪纳制形成历史的时候，认为泰国在封建社会前期同许多其他国家一样，起先有许多村社，这些村社结合成大大小小的部落，随着生产力的发展，这些村社逐渐整合成具有阶级专政性质的国家，这些村社的首领逐渐演变成国家的统治者（邹启宇，1982）。据史料记载，兰那泰和素可泰王朝建立初期广泛采用食邑制，即以土地王有为前提，国王自己直接占有一部分土地，其余的土地则以分封的形式赐给为国王服务的大小领主。到了阿瑜陀耶早期，这种食邑制依然被沿用下来，并被纳入宫廷法中，成为表示王子等级的重要标志之一。但由于当时社会结构和经济形式简单，这种土地分封制度并不具体（金勇，2018）。这也是此时期爵衔制度尚不完善的根本原因。

二、爵衔制度完善期：爵衔增加与等级的制度化

阿瑜陀耶中期至 19 世纪末，是泰国爵衔制度的完善期。此时期爵衔制度主要内容是确定了 Phrajaa（披耶）这一爵衔拼写用法，并增加了昭披耶（Cawphrajaa）与颂德昭披耶（Somded Cawphrajaa）两个更高等级爵衔。还有一点最重要的，实现了爵衔等级的制度化。

（一）爵衔增加：披耶（Phrajaa）、昭披耶（Caw Phrajaa）与颂德昭披耶（Somded Cawphrajaa）

在朱拉隆功时期，泰国的爵衔分为以下几个等级：颂德昭披耶（Somded Cawphrajaa）、昭披耶（Caw Phrajaa）、披耶（Phrajaa）、帕（Phra）、銮（Luang）、Khun（坤）。

与阿育陀耶早期爵衔不同，此时期因为高等级的贵族在称呼低等级的贵族的时候省去前面的"翁"（Oog），便渐渐形成了现在所见到的泰国贵族爵衔的序列等级。在此时期，披耶（Phrajaa）这一爵衔用法固定了下来。除此之外，还增加了昭披耶（Caw Phrajaa）与颂德昭披耶（Somded Cawphrajaa）两个高级爵衔。虽然拉玛五世把爵衔制度的创制大部分归因于阿瑜陀耶时期，但实际爵衔的发展是一个渐进的过程，这个过程始于 16 世纪中叶，一直持续到朱拉隆功国王本人统治时期。

披耶（Phajaa）爵衔此时期发生了较大的变化。素可泰时期可指称国王。阿育陀耶时期，根据学者罗伯特·琼斯的研究，在 17 世纪的欧洲文献中多见翁耶（Oogjaa），以此指代中央机构的首席部长，而披耶（Phajaa）这一爵衔甚少见到。关于披耶（Phajaa）这一爵衔的使用，由此时期法国王路易十四派驻暹罗的使节拉·鲁贝尔的记载可知，披耶（Phajaa）这一爵衔或许是暹罗附属国国长的称谓。但也有记载表明这一头衔被授予与柬埔寨国王亲属级别相同的王子。故这一头衔在 17 世纪的使用情况被当作了一个问题被搁置了下来（Jones，1971）。披耶（Phajaa）应该就是后来的 Phrajaa 略去"r"这一字母发音的缩写。到了 18 世纪早期，披耶（Phrajaa）代替原有

的爵衔翁耶（Oogjaa），表示首席部长的爵位，昭披耶（Chaw Phrajaa）取代了披耶（Phajaa），代表更高级别的爵衔。

　　昭披耶（Chaw Phrajaa）爵衔出现在阿瑜陀耶王朝末期。根据罗伯特·琼斯的介绍，关于这一爵衔的最早记录是泰沙王时期的一件佛寺碑铭，此碑铭撰刻的时间是 1727 年。但随着新史料的发现，在 1915 年出版的《暹罗与外国关系记录》中发现一封暹罗国王发出的信件。这封信件的署名是Chawpeea，这封信件的年代据推测是 1622 年，且这封信的作者与之前碑铭中提到的拥有昭披耶爵衔的名称和官职一样。如果这封信的时间推测正确，并且与之前的佛寺出土碑铭的记载相吻合的话，那么昭披耶这一爵衔的使用年代或可提早将近百年。由于现在的泰国文献对贵族的爵衔采用了现代的表达，所以昭披耶（Chaw Phrajaa）这一爵衔不见于 17 世纪之前相关的文献记载中（Jones，1971）。笔者认为这一爵衔用来称呼中央机构的内阁总理大臣，地位较披耶（Phrajaa）更高。

　　颂德昭披耶（Somded Cawphrajaa）爵衔较为特殊，通常被认为是拉玛一世在吞武里时期达信国王手下服役时的爵衔，此爵衔第一次见诸正式文件是在拉玛四世统治时期。这是级别最高的爵衔，主要授予与亲王级别相当的贵族，他们的食田 [1] 与高级亲王的食田相当。

（二）爵衔等级的制度化

　　阿瑜陀耶中期至 19 世纪末，泰国爵衔制度逐步完善，爵衔等级制度化是此时期爵衔制度的重要内容，其主要动力是萨迪纳制的确立。在阿瑜陀耶戴莱洛迦纳王统治时期，由于王室和贵族对村社土地的占有以及对村社成员的控制加强，促使其颁布萨迪纳制，并以发令的形式确定下来。在泰语中"萨迪"是权利的意思，"纳"是田地的意思，合起来就是"对田地的权利"。其内容是通过一系列法规，例如，《文职官员土地占有法令》和《武官及地方官员土地占有法令》详细规定王族、中央和地方各级文武官员（贵族）、王室

---

[1]　食田是泰国古代社会重要的生产资料。食田分配制度是泰国封建社会萨迪纳制的重要组成部分。

各种息从仆役（包括王室成员的保姆在内）直至首都或各地的各类农奴和奴仆的授田级别。可以说，这两个法令给全国所有居民（极少数外国移民除外）规定了反映其社会地位和身份的级别，这种级别是以授田的等级为标志的（邹启宇，1982）。对于贵族来说，爵衔的等级代表了其社会地位和身份的级别，食田的多少则反映封建成员的地位和身份，这是爵衔背后的社会组织情况。

朱拉隆功时普通贵族爵衔可分为五级，即昭披耶、披耶、帕、銮、坤，这是对享有 400 莱以上食田贵族的称呼，这类贵族由国王直接任命。除此之外，还有一些小的官吏，食田在 100—300 莱，他们被称作汶和攀。在这些统治阶层之下是"塔及"即农奴，国王根据这些封建社会成员自身等级和权利颁赐不同等级的食田。王族最高可授田 10 万莱，贵族授田数量为 400—10,000 莱，小吏授田 100—300 莱。普通贵族爵衔之间不仅有高低之分，而且同一爵衔内部也有高下之别，区分这些公职人员的地位和荣誉的指标有四种，即食田的数量、爵衔的等级、国王赐予的尊名以及在官职的高低（Rabibhadana，1969）。同一爵衔的官员因其尊名的不同或者官职级别不同，其享受的食田数量不一样。举例来说，此时期泰国的中央机构有两位内阁总理大臣，一为文职一为武职，两者享有昭披耶的爵衔，食田为 10,000 莱。在其之下为四部，分别为财政大臣、宫务大臣、市政大臣和田务大臣，他们也都享有昭披耶的爵衔，食田为 10,000 莱。在四部之外还有海军大臣和陆军大臣，他们享有披耶的爵衔，食田为 10,000 莱。在四部之下又分为六个小的部厅，他们分别是：掌管皇宫卫队的部长、掌管壮丁登记的部长、掌管全国财政收支的部长、掌管全国僧侣的部长、掌管中央文牍的部长以及掌管王室御用物品的部长，以上六个部厅的部长被授予披耶的爵衔。除了掌管僧侣的披耶帕塞食田数量为 10,000 莱以外，其他的五位披耶爵衔的部长食田都为 5,000 莱（段立生，1982）。关于不同爵衔的公职人员的食田数量见表 1.

表 1　贵族的爵衔与食田数量（Rabibhadana，1969）

爵衔	食田数量（莱）
颂德昭披耶	30,000
昭披耶	10,000

（续表）

爵衔	食田数量（莱）
披耶	1,000—10,000
帕	1,000—5,000
銮	800—3,000
坤	200—1,000
汶	200—800
攀	100—400

　　贵族爵衔的颁赐主要是由于官职晋升或事功等原因。历史上泰国政府的公职人员可以通过晋升官职获得爵位。关于官职，公职人员可以通过向当权者进行利益输送而获得，赵永胜的文章曾提到，"维系和支撑这种关系的是当时在泰国占统治地位的社会价值观，当别人为你做了什么事时，你必须作出相应的回报。国王亦受控于这种价值观"（赵永胜，1999），正是这种当时社会普遍流行的价值观、亲属关系以及人身依附制度促成了某些人爵衔的获得。除此之外，在泰国的中央行政组织中，拥有400莱以上的贵族官吏可由国王直接选拔任命，这些国王亲自任命的贵族多是大小官吏的子弟。这些人的晋升通常和具体事务联系紧密，他们通常会充当国王的侍卫，领取少量的俸禄，而因其伴随国王左右，常能听到官吏送来的奏章和国王谕旨，因此他们能从中学习处理政务，为日后的从政打下基础。当国王认为某些侍从公务比较娴熟了，就派他们去调查一些问题，将呈上的奏章作为执政能力的参考，等到国王对其能力认可之后便派给他一些最低的官阶，以后逐步提升（段立生，1982）。这也是泰国的中央行政机构培养和选拔官员的一般做法。除此之外，普通贵族的爵衔和其服务的王室成员的地位有密切关系，关于不同等级爵衔颁赐的情况，举例来说，在亲王所管辖的"宫"（Krom）内，亲王可以任命这个"宫"内的长官（Cawkrom）、副长官（Paladkrom）和主管（Samubanchii），亲王的级别不同，其"宫"内官员爵衔级别也不相同。如果这位亲王是第一等级的帕翁昭，那么他的长官、副

长官和主管可以根据实际情况任命为披耶、帕、銮、坤和汶；如果这位亲王是第二等级的帕翁昭，那么他"宫"内的长官、副长官为汶，主管为攀；如果这位亲王是第三等级的帕翁昭，那么他"宫"内的长官为汶，副长官和主管为攀。

（三）萨迪纳制成熟与爵衔制度的完善

阿育陀耶中期至19世纪末，萨迪纳制逐步成熟，爵衔制度逐步完善，此时期爵衔制度的主要特征为等级制度的完善。与前期不同，此时期各级爵衔的官员有明确的封地数量，形成严格的等级制度，这与萨迪纳制的成熟有关。

自食邑制成熟开始，由于社会生产力发展，社会的复杂化，早期食邑制不再适应复杂的社会关系，到了阿瑜陀耶王朝中期，戴莱洛迦纳王开始推行一系列政治和经济改革，出台了一种更为具体和完善的土地分封制度——萨迪纳制。与早期食邑制粗略的土地分配制度不同，萨迪纳制是一种精细的土地分配制度，全国土地归国王所有，国王按照身份等级分配给各大小贵族、平民阶层和农奴阶层不同数量的土地，他们只有土地的使用权，没有所有权。这避免了早期各地分封的城主克扣赋税，拥兵自重，甚至威胁国王权力的弊端。这种精细的土地控制制度，为爵衔制度的完善和爵衔等级的制度化奠定了经济基础和社会基础。

到了曼谷王朝初期，这种精细的土地控制开始向劳动力控制转变。萨迪纳制数量众多的庶民只是名义上是自由民，尽管名义上获得了授田，但是并没有某块土地的所有权，只有使用权。

> 大封建主会从自己的封地中划出几莱土地作为庶民的使用面积土地，如果庶民接受该地就意味着他要依附于这个封建领主，要为其服役，为其耕种，并向其交纳赋税。最终大部分被束缚于该领主的土地上，不得随意迁徙，不能拒绝或逃避黥腕登记和管理，需要按时按量服劳役和兵役，缴纳贡赋租税，未经领主许可，不得为他人做工。他们是贵族封建主财富的来源，或者他们本身就是封建主的财富。（金勇，2018）[92]

因此，"到了曼谷王朝初期，萨迪纳制与受封土地的关系也被淡化，指'受封者可以领有多少家奴'"（金勇，2018）[92]。这种由土地控制向实质上的劳动力控制的转变预示着萨迪纳制的终结，也是爵衔制度终结的前兆。

三、爵衔制度终结期

19世纪末至20世纪中叶是爵衔制度的终结期。此时期西方殖民者大举侵入泰国，泰国被迫融入西方殖民者构建的资本主义贸易体系中，封建社会的解体导致萨迪纳制最终成为历史，也使爵衔制度失去了赖以存在的经济基础和社会基础。萨迪纳制实行了400多年，到19世纪末曼谷王朝五世王朱拉隆功改革时正式废止。萨迪纳制废止不久，爵衔制度也寿终正寝。

随着泰国封建社会的终结，君主立宪制政体的确立，泰国的爵衔制度也相应变化。由于君主立宪的政体，泰国现在仍然保留了王室爵衔，但是普通贵族爵衔已经不再使用。泰国爵衔制度的变化是封建依附制度不断瓦解的产物。随着西方列强对泰国渗透的加深，泰国融入资本主义世界的步伐加快，泰国统治者逐渐感觉到封建制度的束缚与制约，因此自拉玛四世开始，历经拉玛五世、拉玛六世的逐步改革，直到1932年的"六·二四政变"建立起君主立宪制的国家。这中间泰国经历了几个朝代的不断改革。封建制度的瓦解，萨迪纳制的逐渐解体，以及部分贵族对于爵衔制度的不满，终于促使泰国政府在1942年第一次出台了废除普通贵族爵衔的政府公告。

泰国萨迪纳制的瓦解是一系列自上而下变革措施的结果。在拉玛四世时期，欧洲资本主义国家开始从自由资本主义向垄断资本主义过渡。帝国主义之间争夺世界霸权和殖民势力范围的斗争越演越烈，亚洲成了帝国主义角逐的主要场所之一。1855年《鲍林条约》的签订彻底打开了泰国闭关锁国的大门，泰国被纳入了世界资本主义经济体系。但是，泰国沿袭已久的、古老的、自给自足的自然经济结构，封建的人身依附关系和奴隶制度的存在，已远远不适应当时泰国社会所出现的种种变化。为了巩固国家的独立和维护封建君主专制的统治，加速泰国社会向现代化发展的进程，自上而下的社会政治和经济改革成为历史发展的必然要求。拉玛四世首先展开了自上而下、由宫内至宫外的改革，改革最重要的措施莫过于对萨迪纳制的初步改革，他废除了在传统的萨迪纳制下男性公民必须无偿为国家或所依附主人服劳役的规定，采用雇佣工人来代替无偿的强迫劳役，并对奴隶制度的规定作了初步的修改。拉玛五世加冕为国王后，推行欧洲现行观念，促使泰国实现全面的现代化改革，其在改革中规定取消农民对封建领主的人身依附关系，将封爵授田的萨迪纳制变为薪俸制，进一步削弱了地方的分散主义和地方官吏的种种特权，废除传统的萨迪纳制，并完成了半个世纪的废奴运动。拉玛六世继位后继续沿着向西方学习的道路走下去。拉玛七世颁布了泰国历史上第一部《文官条例》，它改变了世俗官员的任命由国王或上级指派的历史，改变了萨迪纳制所确立的农民对封建主的依附，以及城市中商界、政界和军界形成的一套保护与被保护的人际关系网。《文官条例》的颁布开创了通过考试择优选拔官员的新时代，促进了公平竞争和按才录用的选拔人才制度。自拉玛四世改革开始至拉玛七世，每个朝代都在向废除封建制度的方向上前进，终于导致了1932年的"六·二四政变"，泰国成为君主立宪制的国家。在比里·帕侬荣起草的长篇《政变宣言》中规定："人民一律平等，贵族不得再享有比平民更多之特权。"（段立生，2014）以上这些自上而下的改革和1932年的政治制度变更是导致泰国王室废除普通贵族爵衔的关键内因。

除此之外，有关泰国爵衔取消的原因，泰国学者普莱诺在其专著《暹罗贵族》中认为：由于高级爵衔有数量的限制，有些政治家不满足于已取得的爵衔，故造成王室与部分贵族的矛盾，从而诱导了爵衔制度的取消（ส.พลายน้อย，2016）。而贵族的爵衔都是经由王室正式封赐获得的，取消爵衔也需要找一个冠冕堂皇的理由经由正式的文件颁布。在1941年銮披汶政府执政期间，皇家御令所发布的公告中这样写道：

> 根据宪法规定，现行爵位制度不仅与法律面前人人平等的原则相悖，
> 而且会使他人误以为爵位高于法律，拥有爵位者即拥有高于法律的特权，

故有取消爵位的必要。取消的爵位含：昭拍耶、拍耶、拍、銮、汶等。如希望保留爵位，须有合理理由并通过审批同意。如果希望使用御赐称号作为个人或家族姓氏，也可以向内政部申请。[1]

在这份公告之后不久，又颁布了取消政府某些公职人员官衔的公告，公告规定："由于政府民政部门的公务员等级已根据现行制度进行改革，没有继续延用先前公务员官衔的必要，故取消政府文职部门公务员的枢密院大臣、大臣、副大臣官衔。"[2]

以上是銮披汶当政时期的规定。随着时局的变化，当乃宽·阿派旺担任总理后，由于政治观点的不同，对于爵衔的政策又出现了变化，1944年乃宽·阿派旺总理撤销了上述法令，其在颁布的公告里这样写道："由于颁发前两份公告后，给爵位被取消者造成严重的精神打击，且发现仍有大量延用爵位者，而且社会上也普遍使用原来的爵位官衔名称称呼上述人员，故决定撤销先前取消爵位的公告，需要恢复原先的爵位者可以通过提交申请恢复爵位。"[3]

总之，在这一时期，泰国关于爵衔的政策时常变化。最后，虽然在乃宽·阿派旺担任总理期间同意重新使用爵衔，但在銮披汶于1948年4月8日重新成为总理后关于爵衔的政策又有所回归，直到1957年銮披汶被军方夺权，这期间由于政府多次换届，国家政局不稳，关于爵衔的规定不了了之，爵衔也间接消失了（ส.พลายน้อย，2016）。

四、结语

泰国爵衔制度与历史上的萨迪纳制相伴而生，在历史发展过程中，随着国家战争、文化交流以及民族融合，泰国不断吸收周边国家的爵衔称谓，

---

[1] 资料来源于泰国《泰国官方公报》网站（读取日期：2020年8月6日）。
[2] 资料来源于泰国《泰国官方公报》网站（读取日期：2020年8月6日）。
[3] 资料来源于泰国《泰国官方公报》网站（读取日期：2020年8月6日）。

结合本国历史文化而形成有自身特点的爵衔制度。泰国历史上爵衔体系形成和发展的特点是：新爵衔附加在原来的爵衔上，新的爵衔地位更高，原来的爵衔地位降低。至朱拉隆功时期，泰国爵衔有颂德昭披耶、昭披耶、披耶、銮、帕、坤等不同等级，不同等级爵衔有相应的待遇和特权，是一套秩序严格的上下有别、等级分明的制度。爵衔赋予的权利及爵衔的颁获与国王及王室有着密切的关联，是泰国封建王权制度的体现，对维护当时泰国社会稳定起着至关重要的作用。随着社会生产力的发展以及西方殖民者的到来，西方文化对泰国造成巨大的冲击，最终随着泰国封建制度的解体，泰国的爵衔制度也渐渐沉寂。本文对于泰国爵衔制度仅做基本的梳理，爵衔其他相关问题还需深入研究。笔者研究难免挂一漏万，本文仅供抛砖引玉，期待方家指正。

参考文献

ส.พลายน้อย, 2016. ขุนนางสยามประวัติศาสตร์"ข้าราชการ"ทหารและพลเรือน,กรุงเทพฯ:มติชน.

JONES R B,1971. Thai titles and ranks including a translation of traditions of royal lineage in Siam by King Chulalongkorm. Ithaca, NY: Cornell UP:127.

RABIBHADANA A, 1969. The organization of Thai society in the early Bangkok period, 1782-1873. Ithaca, NY: Cornell UP:102.

段立生，1982. 泰皇朱拉隆功陛下关于官爵问题的论述 [J]. 载东南亚历史译丛，（2）：221.

段立生，2014. 泰国通史 [M]. 上海：上海社会科学院出版社：217.

何平，2006. 泰国历史上的封建制度及其特点 [J]. 云南师范大学学报（哲学社会科学版），（4）：61.

金勇,2018. 形似神异——《三国演义》在泰国的古今传播 [M]. 北京:北京大学出版社：92.

烈勃里科娃，1974. 泰国近代史纲 [M]. 北京：商务印书馆：11.

谢远章，1989. 泰—傣古文化的华夏影响及其意义 [J]. 东南亚，（1）：28.

谢远章，1990. 再论泰—傣古文化的华夏影响及其意义 [J]. 东南亚，（3）：21.

赵永胜，1999. 古代泰国政治中的亲属关系和依附制度 [J]. 东南亚，（1）：58.

邹启宇，1982. 泰国的封建社会与萨迪纳制 [J]. 世界历史，（6）：38.

The Development and Changes of the Title System in Thailand and Its Stage Characteristics

LI Xunze

Abstract: In the middle period of Ayutthaya, with the emergence of Sadina system, Thailand established a set of knighthood system with strict grades according to its own historical and cultural characteristics and drawing lessons from neighboring countries' systems. The establishment of knighthood system strongly maintained and stabilized the life order of feudal society in Thailand and played an important role in the historical development of Thailand. This paper refers to the Chinese, Thai and English historical documents related to the title system in Thailand, focusing on the development and changes of the title system in Thailand in different stages in history, and discusses the stage characteristics and deep-seated reasons of the development of the system.

Keywords: Thailand; foreign history; the title system

（责任编辑：王嘉）

文学研究

文学世界

身份困境与跨界求新：18世纪朝鲜王朝中人的文学与思想变革

王敏雁

内容提要：18世纪东亚国际形势因时而变，燕行使团随员与中国知识阶层之间的交往受到朝鲜王朝中上层社会的极大关注，固有的华夷观念随之逐渐弱化。尽管如此，朝鲜王朝所沿袭的"庶孽"等身份制度依旧挤压着中下层文人的上升空间。为破除庶孽制度的束缚，越来越多的朝鲜半岛中人出身的文人主动加入燕行使团队伍，在"异域"寻找思想平等的"天涯知己"，重构文学与人生。他们通过文学思想的变革，开辟实学富国之路，实现对本土身份的反超。

关 键 词：朝鲜王朝中人；庶孽禁锢；庶孽通清；白塔学派；北学派

作者简介：王敏雁，天津农学院讲师，天津师范大学在读博士，主要从事朝韩文学研究。

基金项目：本文系国家社会科学基金重大项目"'丝路文化'视域下的东方文学与东方文学学科体系建构"（19ZDA290）的阶段性研究成果。

从15世纪的朝鲜王朝太宗、成宗时期开始，"两班"[1] 阶层官员的妾室所生子孙不得继承社会身份的内容被列入法令，这种以母系出身决定社会地位并世代禁锢的宗法制度，人为地在统治阶级"两班"与"两班"庶出子孙之间划分出一条难以逾越的鸿沟，将混有庶孽血统的"两班"子孙作为"中人"，剔除出统治阶层。即便在"通清"之后，庶出学子参加科举考试时，还会遭到相当明显的歧视：明宗九年（1554年），宪府就曾奏请庶出考生在试卷中写明"良妾子"或"良妾孙"，张榜之际，依然要标明嫡庶之

---

[1] "两班"，即文班与武班（文武）官员，士大夫家族采用世袭制垄断官职、维持特权，称为"两班"。

分，并晓谕中外，明宗随即允准了这些针对庶出生员、进士及第融入士大夫阶层的预防措施（《明宗实录》，1554b）。虽然朝廷放宽了庶出文人的为官之路，但对嫡庶的严格界定，对部分才华横溢、心志高远的中人来说，写明"良妾子孙"，无疑是将其"低贱"身份昭告天下并再次羞辱。反观出身"两班"的士大夫阶层，参与科举考试后，因公务繁杂，难在文章方面有所成就。明宗朝知经筵事郑士龙曾在朝讲上对明宗讲述："如欲成就于一时，莫如以闲官做业也……我国与中朝有异，为儒生者，年少之时，困于举业及至释褐，又牵于冗务之职，可以成就者亦为废学。"（《明宗实录》，1554a）16—17 世纪，"庶孽禁锢"制度已然对社会各个层面产生巨大影响，嫡子与庶子在政坛官阶、经济状况上都存在极大差别，世代禁锢，难以逾越。

18 世纪的朝鲜王朝历经肃宗、景宗、英祖、正祖四代国王更迭。政治上，英祖提倡"荡平策"，即摒弃党派偏见，重用人才的策略，在一定程度上起到了缓解党争、稳定政局的作用。在国家安定、经济繁荣的 18 世纪前半叶，庶孽出身的文人们为打破歧视与偏见，解除身份限制，放宽从政条件，从向国王上书"庶孽许通"的温和诉求，转向更加激烈的抗争：英祖即位之年（1724 年）12 月 17 日，庶孽出身的文人郑震侨在东门手持竿木拦住新王车马，呼诉"穷人抱冤"，向新君进呈 260 人的上书，历数"庶孽禁锢"制度的弊端，他列举中国、朝鲜庶出才俊的姓名，极力阐述相对朝鲜王朝，中国社会对待庶出子孙政策更为宽容的事实，希望国王放开门阀限制，增加庶出文人参政、晋升的途径。郑震侨等人上书 13 次，都被阻挡，因而不得不采用拦轿喊冤的方式。如此极端的呼告，对于久居深宫才刚亲政的英祖来说，留有十分直观的印象。国王面对上书不禁感慨："我国本以偏小，用人亦甚不广，予窃慨然。天人一也。日月所照，既不择于精粗，择王者用人，岂有间于其中哉？尔等所引有据，而但兹事，其来已久，不可猝变，其在慎重之道，惟当徐究处之。"（《英祖实录》，1724）英祖在旨意上肯定了郑震侨等人的观点，对其所受到的不公平待遇表示理解，但因为"庶孽禁锢"制度由来已久，不宜骤然改变，认为此事需要谨慎处理。虽然英祖暂时没能改变中人的身份，但其明确表示的肯定与同情态度，为之后中人阶层"通清"之路，埋下了诸多可能和伏笔。英祖二十一年（1745 年），庶孽参加科举考试不再需要"纳米"；英祖四十八年（1772 年），庶孽文人通过科举考试也可以担任"清职"。

18 世纪后半叶，正祖沿用英祖的治国思想，在文化上进一步扩展施政理念：藏书籍、重文臣、改革用人制度，使综合国力和文化软实力得到前所未有的提高，社会经济发展迅速。

正祖在英祖"通清"改革的基础上，在各杂科之外另设检书官一职，启用庶出文人。尽管没有正式官职，庶孽出身的检书官们依然能够学以致用，管理庞大的国家书库，并且获得与国王对面交流的机遇，其所进之言"上达天听"。然而，这一切政策性的改变，都和朝鲜王朝中人自我意识逐渐觉醒的过程紧密相关。正是由于庶孽文人对自身修养和文学素质的看重，在此过程中，他们有意地加入燕行队伍，通过主动和中国文人建立学术联系并得到认可，将其影响带回朝鲜半岛，引起了统治阶层更多的关注，使后者逐渐放宽"庶孽禁锢"的铁律。

从东亚的整体背景上看，18 世纪的中国正值康乾盛世大一统时期，"万国来朝"的大环境为中朝交流的进一步深化提供了国际舞台；位于亚洲东段的日本，由于江户至幕府初期的锁国政策和国家财政等国内情况，暂时保持平和态势，在一定程度上保障了朝鲜王朝"交邻"关系的稳定。庶出文人参与燕行不仅出于偶然，他们有意识地寻求海外声名，意图改变在朝鲜王朝的社会阶层和地位的内因也不容忽视。朝鲜王朝中人阶层文人在燕行前后所发生的本土身份变化和思想变革反映出朝鲜王朝 18 世纪社会结构的调整，中人阶层文人所带来的改变为 18 世纪及以后的朝鲜半岛历史走向产生了深远影响。

一、18 世纪朝鲜王朝中人的身份困境与文学思想转变

（一）18 世纪朝鲜王朝中人的身份困境与文学特质

18 世纪中叶，英祖对"庶孽禁锢"做出一系列"通清"的变革，但其

影响仍难以动摇长久以来形成的社会观念。"两班"阶层把持政局的情况并没有得到根本性的改变。中人才华方面胜于"两班",通过不懈努力逐渐争取到了"通清"的权利,但"通清"的政策在各朝令行不一。即便在取得了一定的官职和地位之后,庶出文臣在朝中本就职位有限,仅凭微薄的收入依旧难以改变本来穷困的生活,所得的俸禄甚至不足以维持家用。奎章阁检书官李德懋去世之后,正祖召见其子,甚至需要专门拨给印制李德懋书稿的费用,坦言"而汝家甚贫云,印稿之余,可作契活之资"(李德懋,1900)。庶孽文臣的穷困为时人所共知,由此可见一斑。与士大夫光明的仕途道路相比,18世纪朝鲜王朝中人所处的社会环境则更加苛刻。如何在严酷的现实中保证生存,凭借卓越的才华赢得认可,是庶出文人们终须面临并加以突破的历史围障。

首先,庶孽出身的中人在经过近三个世纪的歧视与抗争后,逐渐对自身的身份及存在产生了更为清醒的认识。以朴齐家为代表的部分18世纪庶出学者,从青年时期就表现出生于贫贱却傲于科举的卓然姿态。李德懋曾慨叹中人为身世所困顿,很难有所成就:"中人之下,莫不相战于胸中,迷不知其攸归。躁者急着而不中,缓者迟行而失时。"他在《耳目口心书》中提出"循理而审势,安意而降气"的沉稳对策,对中人阶层的困顿形貌和突破途径进行了较为深刻的分析(李德懋,1900)。较之李德懋的平缓自持,朴齐家对科举的态度则更加豪侠率真,在诗《有叹》中感慨:"有志贫难就,可为骄不肯。天应惜全才,所恨终相等。"(朴齐家,2005)在《贞蕤阁初集·诗'寄燕岩'》中,他直书:"宁以经纶为市井,莫将科举认文章。"(朴齐家,2005)宁可贫贱终老,依然不屑为科举之意,跃然笔端。

其次,为求其区别,18世纪朝鲜王朝中人自觉将注意力的重心由士大夫所专注的政治经济与朱子理学,转向纯文学研究与创作。诗文、书法、绘画,这些"两班"阶层无暇为之的领域,成为中人发挥才能的天地。18世纪著名的"四家诗人",即李书九、李德懋、朴齐家与柳得恭之中,除少小丧母的李书九是嫡出以外,其余三人均是庶孽出身。他们发挥纯文学的优势,纵意王京山水之间,吟咏弼云台等名胜风景,形成了自己独特的风格。

柳得恭的叔父柳琏（又名柳琴）1776 年随使团燕行中国，将柳得恭、李德懋、朴齐家、李书九所作之诗编撰成集并赠予李调元。这本《韩客巾衍集》开始在中国文人中流传，成为了解朝鲜王朝诗坛整体风貌的跨文化作品集。四位诗人的汉文诗歌作品或吟咏山水，或怀古思情，风格自然清新，写实古朴。中国清代学者中书舍人潘庭筠在李调元书斋读到四家诗人的诗歌，并在《韩客巾衍集》的序文中遥想四人风姿："昨于李吏部雨邨斋头得读柳君弹素所录海东四家之诗，多刻画景物，抒写襟抱，妍妙可喜之作，讽诵数四，不忍释手。余虽未悉四人之生平，而因诗以想其为人，大抵皆高旷恬淡之士也。国多君子，岂不然哉？"（柳琴，2007）

最后，朝鲜王朝的中人受身份限制，不必埋首苦读士大夫知识分子所必经的程朱理学，他们的创作更多反映出文学本来的面貌和创作者的个体追求，也因此成就了 18 世纪朝鲜文学在文学交流和思想构建上所独具的个性。

（二）18 世纪朝鲜中人文学中的思想转变

尽管记录庶孽文人少小生活的文献相对有限，但根据现存作品，可以推想大部分的中人在学成之前，常因为低贱的出身而难遇青眼。他们是存在于"两班"与百姓阶层之间的异类，怀抱崇高的理想却难以跻身士大夫行列。

朴齐家在《小传》中曾对自己平生的样貌与性格有着画像般的描述："取大学之旨而名焉，托离骚之歌而号焉。其为人也，犀额刀眉绿瞳而白耳。择孤高而愈亲，往繁华而愈疏，故寡合而常贫。幼而学文章之言，长而好经济之术。"（朴齐家，2005）这种孤高而寡合的性格特点，在李德懋的《雅亭遗稿》中也有如出一辙的描写："不佞。左海鲰生，孤僻寡和。开口相笑者，只五六辈。"（李德懋，1900）社会的歧视与生活的窘迫，使庶孽文人难于结交到阶层外的朋友。他们沉浸在典籍的世界，将对"知己"的渴求深埋于心。

然而，随着洪大容 1765 年入燕，见证他与严诚、潘庭筠、陆飞之间的真诚友谊的诸多笔谈内容被带回了朝鲜半岛，在洪大容有意的宣扬下，"古杭三才"的事迹被广为流传，引起朝鲜半岛知识界的种种波澜。跨越国境、民族、身份，单纯以汉文学交流为纽带而缔结的深厚情谊，无论是对"华夷之分"存在偏见的保守之士，还是对清朝统治下的汉人学者真实处境充满好奇的朝鲜王朝学人，都带来跨时代性的巨大冲击和影响。

严诚早亡，陆飞西湖渔隐，在京为官的潘庭筠便成为朝鲜王朝文人争相结交的对象。李德懋的《雅亭遗稿》收录了他写给潘庭筠书信，向潘庭筠描述了当时听到洪大容介绍其三人言行时的场景："湛轩洪先生，奇士也。游燕而归，每说篠饮、铁桥、秋庐三先生风流文物，照耀江左。仍示其谈录及诗文墨迹。不佞欣然欲起舞，凄然又泣下。以其朋友之感，蔼然触发，自不觉其如此也。"（洪大容，1939）

"燕行扬名"的渴望与"天涯知己"的诉求同样出现在朴齐家的思想中："少年却抱乘桴志，丰岁还求辟谷方。"（朴齐家，2005）年少时节已才华横溢的朴齐家，决心效法门第卑微却通过"赴唐"有所作为的新罗诗人崔致远和曾因出使明朝而名垂青史的朝鲜王朝学者赵宪，希望通过扬名中国以革新祖国。他在《北学议》序文中详述其志：

> 余幼年慕崔孤云、赵重峰之为人，慨然有异世执鞭之愿。孤云为唐进士，东还本国，思有以革新罗之俗而进乎中国。遭时不竞，隐居伽倻山，不知所终。重峰以质正官入燕，其东还封事，勤勤恳恳，因彼而悟己，见贤思齐，无非用夏变夷之苦心。鸭水以东，千有余年，之间有区区一隅，欲一变而至中国者，惟此两人而已。今夏有陈奏之使，余与青庄李君从，为得以纵观乎燕蓟之野，周旋于吴蜀之士。留连数月，益闻其所不闻。（朴齐家，1943）

从朴齐家的叙述可以得知，他的心愿有三：一愿在异国扬名而回国实现理想；二愿饱览中国北方的山川风景；三愿和李德懋一起结交中国南方的知识分子。中人的这些动机和决心，在燕行之前就已然确立。参与燕行的内在思想因素，与其庶孽出身对突破界限的需求有着十分密切的关联。

二、燕行对 18 世纪朝鲜王朝中人风貌的影响

（一）"奎章阁四学士"与庶孽文人的晋身之路

正祖一年（1777 年），刚刚即位的国王深感庶孽文人多有才学却而因禁锢法郁郁不得重用，因此迅速颁布了《庶孽清通节目》，希望通过新的法令，使得才俊之士可以为国需用，庶流士子能得其所。正祖二年（1778 年），跟随正使的朴齐家与跟随书状官的李德懋一起赴燕使行，终于踏上了期待已久的中国的土地。同年，柳得恭也随行沈阳，并在归国的途中在开城与朴李二人意外相遇。正祖三年（1789 年），正祖在开泰门正式任命四位检书官：李德懋、柳得恭、朴齐家和徐理修，自此庶孽文人作为正祖朝奎章阁检书的人生轨迹正式开启。

清代著名藏书家、校勘学家陈鳣在《贞蕤阁集》的序文中介绍了他与朴齐家、柳得恭在北京琉璃厂相遇的情景，也记录了朴齐家在嘉庆六年（1801年）对正祖流露的恩遇之感："检书自言所列策问，乃其先国王亲制。国王好学博文，直接邹鲁渊原，不作汉唐后语，而恭俭礼下，从善如流。夙知草茅之名，振拔于科举常格之外而登进之，擢授要职。君臣知遇，古所罕觏。"（朴齐家，2005）正祖对朴齐家等人的知遇之恩，既因这些中人的才华，也因其燕行的经历能够为正祖正在构想的王室藏书馆提供便利条件。除检书官徐理修现存资料较少以外，朴齐家、李德懋与柳得恭三人均多次燕行，与当时中国学者交流的盛况而名震朝鲜文坛。正如陈鳣所言："余叹其何荣若此。盖尝三人入京师，所交皆名公钜儒。"（朴齐家，2005）正式担任奎章阁检书之后，受王命委托，参与燕行查找并购回各类书籍成为检书官肩负的主要任务之一。

踏上这条重要的转折之路，积极跻身燕行使团，是 18 世纪庶出文人渴望实现的人生历程。在朴趾源《热河日记》"馹阳日记"中记载，首译向护行通官双林介绍：朴趾源是"大大人的兄弟，有好文章，为观光而来也"。双林立刻反问："是四点么？"首译赶忙解释"不是四点，是大大人嫡亲的三从兄弟。"（朴趾源，1932）在当时熟悉朝鲜王朝国情的中国人心中，以庶

孽之庶字"四点"所隐晦的庶孽文人，往往具有使臣的亲戚关系、善写文章、以观光为目的等三个特点。朴趾源在此文章中特别指出：每次燕行，庶孽文人都要花费五百两给护行章京，七百两给护行通官作为单独的雇车及盘缠费用，而实际上，这些费用并不是实际用银，只是针对使团随行庶孽文人的盘剥。即便如此，学习汉文、燕行中原、结交清朝鸿儒，获得破格录用并跻身国王身侧，依然是 18 世纪庶孽人才梦寐以求的晋身之路，而这些，只有真正经历过燕行才能实现。

（二）白塔学派与群体意识

18 世纪朝鲜王朝的中人经过多年"庶孽清通"取得的成就、影响逐渐扩大，形成一个庶孽文人与中下层士大夫群体相交织的群体。这股文坛的新兴势力吸引着越来越多对"北学"抱有积极态度的年轻人不断加入，在朝鲜半岛文坛 18—19 世纪的历史与文化交流史上发挥着不可替代的作用。

位于今天韩国首尔钟路塔谷公园的白塔曾是圆觉寺遗址，即 18 世纪朝鲜王朝中人学者的聚集之地。1767 年李德懋将居所搬到白塔附近，转年朴趾源也迁居此处。1768 年，十九岁的朴齐家第一次去白塔附近的住所拜访朴趾源。朴趾源披衣而出，握手如旧。不仅将自己所有的文章交给朴齐家阅读，还亲自为其沽酒炊饭。自此，朴齐家常在白塔周边的朋友家流连忘返："诗文尺牍，动辄成帙。酒食征逐，夜以继日。"（朴齐家，2005）《白塔清缘集序》中这座位于当时朝鲜王朝王京中心的白塔，其北有朴趾源与李德懋的居所，其东北有柳得恭的住处，四周杂以书楼、酒家，成为当时文人聚会的文化盛地。在朴趾源、李德懋、朴齐家、柳得恭等人周围，围绕着成大中、元重举、李书九、郑喆祚、洪元燮等诸多才俊。他们的文学聚会与群体关系，和当时朝鲜王朝士大夫阶层的交际大为不同：这种以诗歌、学问、经史为中心，以兴趣爱好为支撑的结社方式，更加类似于中国文人之间修禊雅集。柳得恭的多首"塔社"诗歌，都在纪念这些文人的结社聚会。

这些北学派的中人，大部分都有过随使国外的人生经历。回到祖国以后，白塔学派的相伴相随，还体现在交游过程之中。洪大容、朴趾源、李德懋、朴齐家、柳琴、柳得恭、徐理修、李书九等人多次相约出游。或彼此拜访，或和韵作诗，或结伴登山，留下了大量的诗文作品。朴齐家《贞蕤初集·诗》中，题目为"懋官夕至，适有风雨，留之共宿"一首，其中"士也平生青眼贮，元来知己一言求。"（朴齐家，2005）的感慨道尽与李德懋二人情谊。其另有"夜访徐稼云借屋读书处，时李懋官、柳惠风不期而至"为题等诗歌，题目中出现徐理修、李德懋与柳得恭等人字号（朴齐家，2005），足见以庶出诗人为主的互访式的深入交往是当时常态。

（三）跨越国界的知识分子群像

以朴齐家、李德懋、柳得恭等人为代表的庶孽出身朝鲜王朝知识分子，在跨越身份，实现自我价值时，不仅将燕岩学派与洪大容等人的交际圈相连接，而且在他们的创作和交流过程中，突破了朝鲜王朝局地限制，以东亚的眼光面对世界，架构亚洲知识分子的群体性文学空间。

首先，在诗文著作的创作上，大量的作品直接指明作者的交际范围扩大到清朝，李德懋《雅亭遗稿三》中的《论诗绝句，有怀篠饮，雨邨，兰坨，薑山，冷斋，楚亭》一首，将中国文人陆飞、李调元、潘庭筠与朝鲜文人李书九、柳得恭与朴齐家并列（李德懋，1900），朴齐家更有"戏做王渔洋岁暮怀人"（朴齐家，2005），其诗六十首并序，将朴齐家所熟悉的中、朝、日文化名人串联，形成独特的东亚知识分子群像画面。朝鲜王朝的中人学者常以中朝友人的诗韵为次互相唱和，他们所创作的"有怀"系列诗歌，以回忆燕行所知遇友人的方式，丰富了朝鲜文学中的异国色彩。

其次，18 世纪的知识分子更加注意文学的作者与评论者异地共时的传播价值，特别是在书籍出版、刊印时，注重多国学者的共同创作。这种共时效应主要体现在刊行文集或诗集的序文、点评上。《韩客巾衍集》序为清代学者李调元、潘庭筠所写。李调元在序文中说明：其本懒于人物往来，忽有一日朝鲜人柳琴来访，向其求书。柳琴完全不通汉语，二人沟通全凭笔谈。柳琴请李调元评定其选择的四家诗歌，而后李调元又委托潘庭筠继续评定做序（柳琴，2007）。此外，据韩国国立中央图书馆影印古籍柳得恭《泠斋诗集6卷，附补遗》手写本显示，《泠斋诗集》开卷裱纸后的评语均引自清朝学者，按李调元、潘庭筠、纪昀、张玉麒顺序依次排开。追求朝鲜文学作品在中国的价值与定位是当时朝鲜王朝中人所崇尚的传播与批评方式（柳得恭，2020）。

最后，无论是白塔学派诗人群体，还是燕岩学派，抑或是北学派，这些层层交叠的18世纪中下层文人，不仅将关注的目光投射在本国及中国之上，他们对日本、越南以及西洋的注意，使其独立于本国士大夫保守群体之外，自成一脉。庶孽出身的中层知识分子，由于其所处家族长期受到阶层限制，很多都从事检书官、译官、医监、画员类的官品较低的技术性职务，群体性的国际视野是他们的共同特征。中人因其所擅，较其他朝中任职的高层士大夫增加了更多使臣随行的机会，他们接触到各国人士的可能性也更高。

不仅朴齐家的"戏做王渔洋岁暮怀人"中出现了多名日本学者的姓名，与朴齐家等人交好的成大中更是当时日本研究的专家。成大中同为庶孽出身，1765年通过"庶孽通清"法令担任清职，1763年随通信使自日本回国，成为北学派的中心人物之一，其文集《青城集》中的多篇诗歌记录了日本风貌及与日本学者唱和的情景。成大中在《书金养虚杭士帖》一诗中比较了中国与日本学人看重友情的共通之处，将中国与日本进行了直观的对比（成大中，1840）。李德懋《盎叶集》中，专有《日本文献》一文（李德懋，1900）。文章翔实梳理日本学界与学人的研究，对程朱理学在日本的传承及徂徕学有系统性的叙述。在《蜻蛉国志》中，对日本的世系、姓氏、职官、人物、艺文、神佛、风俗、物产等均有所整体性的阐述，自成体系（李德懋，1900）。此外，成大中的《日本记》、元重举的《和国记》与李书九的《虾夷国记》都对日本国家地理与社会风俗进行了详尽考察。

18世纪的朝鲜王朝中人学者的著作不仅对当时的越南等亚洲使臣有所记录，还涉及东西交流的典型文化事件：柳得恭的《古芸堂笔记》专门记载了"英吉利国"内容（柳得恭，1780），对其入贡等情况和国家位置都进行了专门的介绍，文中还提到来华觐见乾隆皇帝的马戛尔尼一行。随着西学东渐，朝鲜王朝中人的视野从以中国为中心，逐渐扩大到世界范围，成为朝鲜王朝对异国文化的关注与研究最具前沿性的文人群体。

三、18世纪朝鲜王朝中人学者的思想转变

（一）从"委巷贱流"到"参政议政"

18世纪前的朝鲜王朝中人，因"庶孽禁锢"制度的束缚，皓首穷经也难在朝立身。"通清"制度屡次兴废，真正得以实现平生抱负的中人却寥寥无几。朴齐家等中人检书因自身的出众的才华与正祖的改革用人制度的决心，终于跻身国王近臣。尽管他们的官职低微，但因能直接向正祖进言进策，为中人阶层开辟了全新的从政道路。中人的言论和进策，对国王的思想起到了较为重要的影响作用。

朴齐家的《北学议》中，有专门为正祖所撰写的《北学议·进上本》（原宋申用藏）。这个版本区别于其他，是为《进上北学议疏》，属于文臣对国王针对政治性问题的分析和见解报告。朴齐家所属身份是"通政大夫永平县令"，官职虽小，但如陈鳢所提及："君臣之遇，古所罕觏。"不难想见，朴齐家提出的"力学中国二十年"（朴齐家，2020），是在其国王近臣的特殊身份下冀望改革能够从上至下推动的谏书，而非普通的文人舒遣所思的议论文章。李德懋文集的附录中收录了大量与正祖之间的对话，全集中也有与之类似的上疏。1791年4月16日，行抄启文臣亲试课讲及日次儒生殿讲的对话中，国王正祖向李德懋询问"一名"（即庶孽别称）得以按照年龄就座能否释然心中的郁结之气，李德懋回答："此辈无罪，而世世积塞，自处以五伦不备，不齿人类。……一名之不齿人类，诚天下之至冤。"（李德懋，1900）李德懋对"一名"处境的解释引发了正祖对这类人群的同情，改变了庶孽学者不论年龄大小，在太学均须别坐南行的传统。

18世纪中人出身文人的身份变更，使他们从朝廷所弃的无用之人，转

变成国王身边的知识锦囊。尽管官职地位不及"两班",生活状况窘困依然,但这些庶孽出身的文臣逐渐意识到:经过自己的学养积累和身份转变,已经能够将呼声与影响投射到个人际遇与国家发展的历史帷幕之上。

(二)从"华夷之辨"到"北学改良"

朴齐家等人的北学论述一经提出,并没有在本国受到广泛欢迎。与之相反,对清朝社会的肯定或部分肯定,都足以撼动当时士大夫阶层根深蒂固的立身思想。无论是敢于结交"浙杭三士"的湛轩洪大容,还是写出如"华严楼台"般《热河记》的燕岩朴趾源,这些嫡出的中层知识分子,回到本国后,都难脱被仕宦儒臣非议、攻讦的命运。庶孽出身的朴齐家等人面对深植于朝鲜半岛士人内心的"华夷之辨",需要应对更大的北学改革阻力。

洪大容《与金直斋钟厚书》后所附的《直斋答书》中记录了最具典型性的一则论争:朝鲜半岛文人金钟厚通过书信向洪大容展开了激烈的辩论,不顾洪大容对中国清朝社会真实情况的阐释,坚持认为"明朝之后再无中国",表示自己宁为"东夷之贱而不愿为彼之贵",直斥洪大容为游说之徒,极力表达了对洪大容不肯向其出示问答之书的不满(洪大容,1939)。面对极端固执、不懂变通的文人,洪大容在"金养虚在行浙杭尺牍跋"中记录自己和金在行回国后,被逼索要其诗札的情景:"始吾辈归后,东人之务为索论者谤议纷然……养虚其以此贴束之巾衍,勿示非其人也。"(洪大容,1939)其中所谓"东人"即是以金钟厚为代表的顽固士大夫阶层。只在友人之中传阅有关中国清代社会真实场景的著作,以此躲避争斗与是非,是当时洪大容的无奈之举。

在18世纪的朝鲜王朝,对清朝统治下的中国和中国人抱有好感并不是主流知识分子的思想,为了躲避是非而限制书籍流传范围的举动也不只洪大容一人所为。李德懋在给成大中的信中,对仕宦之情难掩失望。他大赞朴趾源的《热河记》为"不害为天下奇书",当面向朴趾源阅读喝彩,朴趾源则指出有人斥责《热河记》为"一大谎书",并告诫李德懋"勿多言,恐使外人知"（李德懋，1900）。

朝鲜王朝中层知识分子开始逐渐开眼世界时局变革之际，大部分置于舆论顶峰的燕行作者不得不选择韬光养晦，仅在小范围内流传自己的作品，为避免争执而不欲为外人所知。朴齐家在《进北学议疏》中谈到曾受到周围人士的讥讽："臣少游燕京，喜谈中国事。国之人士以为今之中国非古之中国也，相与非笑之已甚。今此进言，出于向所非笑中一二则，又复妄发之讥，固所自取而舍此亦无以为说矣。"（朴齐家，1943）

但随着越来越多的中人阶层知识分子参与燕行，"华夷之辨"的固有观念，在与中国人真诚、平等的交往中被逐渐放弃，对中国真实的感受被带回朝鲜半岛，向中国学习的呼声逐渐汇成了一股清流。受时代所迫，朴齐家等人所主张的向中国学习并未涉及根本性的政治制度，但《北学议》中所提到的各项技术革新，已然走在了东亚的前列。

（三）从"法古创新"到"务适实用"

朴趾源曾在学问上提出"法古创新"，面对贫富分化日益严重的社会，如何才能改善民生，富强国家，成为新兴的中人阶层思考的重要问题，他们的论述也向"务适实用""利用厚生"上逐渐倾斜。与"两班"阶层相比，"通清"后依然官职低微的中人，对百姓的穷困有着更为深刻的体验，母家卑微的出身成为庶孽文人与下层百姓之间天然的纽带。

朴齐家在《农蚕总论》一文中比较了中朝两国当时的民生状况：中国即便是农村小户人家，也有大量的存粮，即便是边疆的妇女也有绫罗装饰。与之相反，朝鲜百姓常食不饱腹，穿着新衣服的都城少女即便赤脚走路也不以为怪。[1] 他提出：改变这样"劳苦而无功，穷饿而自废"的现实，必须北学中国以"正德利用厚生"（朴齐家，2020）。

在向国王上书的奎章阁检书中，李德懋也有关于军事的务实之作。他通过《武艺图谱附进说》，在向正祖讲解关于兵器与兵法的同时，提出了与

---

[1] 原文为："中国边裔之女无不傅粉插花，长衣绣鞋，盛夏之月未尝见其有跣足焉。我国都市之少女，往往赤脚而不耻，着一新衣众已。"（朴齐家，2020）

朴齐家类似的系统性观点。在上书中，李德懋通过讲解武艺进而阐述：

> 凡是书之作，又岂特兵家之一事而已哉？推而广之，凡农圃、纺织、宫室、舟车、桥梁、城堡、畜牧、陶冶、冠服、盘盂民生日用之具，所以事半而功倍者，举将牖其迷而导其俗。绍周官之遗则，袭华夏之旧制。朝廷讲实用之政，黎庶守实用之业，文苑撰实用之书，卒伍肄实用之技，商贾通实用之货，工匠作实用之器，则何虑乎卫国，何患乎保民也哉？
>
> （李德懋，1900）

李德懋在"绍周官之遗则，袭华夏之旧制"之后连用六个"实用"排比，强调向中国学习，在国家政策、民生日用中实际应用的重要性。

以庶孽出身为主的北学派知识分子，对庶民阶层具有亲近感，于百姓生活有切身体会。他们关心国计民生，心系百姓疾苦。为摆脱华夷偏见，北学的立足点和出发点在于朝鲜王朝人民富足与国家强盛，向当时代表先进生产力的清朝学习实用性的技术，改变百姓低级的生产方式和穷苦的生活状况。中人对革新与务实的坚持，代表了当时朝鲜王朝最具思想的学者们在东亚视野下，对国家命运与未来发展的思考，也代表了他们希冀通过北学中国，从实际生活中有效改变祖国积贫积弱现状的决心。

四、结论

18世纪朝鲜王朝中人知识分子通过丰厚的汉文学修养以及燕行扬名的特殊经历，在一定程度上突破了"庶孽禁锢"制度所带来的身份限制，逐渐担任检书官等国王近臣职务。他们在身份困境中文风傲然；在燕行过程中视野始开；在"奎章阁"议政中远见卓然，是上层统治阶层与百姓之间的纽带，也是贯通东亚、东西文化交往的桥梁。中层知识分子的汉文学造诣、对个人及群体的认识、改变家国命运的决心使其成为18世纪朝鲜王朝社会阶层跨越以及北学救国的前驱，对国际汉文学思想交流与交往产生了深远影响。

参考文献

明宗实录 [M]// 明宗 9 年 8 月 3 日，1554a. 韩国古典综合数据库，http://db.itkc.or.kr.

明宗实录 [M]// 明宗 9 年 8 月 25 日，1554b. 韩国古典综合数据库，http://db.itkc.or.kr.

英祖实录 [M]// 英祖即位年 12 月 17 日，1724. 韩国古典综合数据库，http://db.itkc.or.kr.

成大中，1840. 青城集 [M]. 韩国古典综合数据库，http://db.itkc.or.kr.

洪大容，1939. 湛轩书 [M]. 韩国古典综合数据库，http://db.itkc.or.kr.

李德懋，1900. 青庄馆全书 [M]. 韩国古典综合数据库，http://db.itkc.or.kr.

柳得恭，1780. 古芸堂笔记 [M]. 韩国古典综合数据库，http://db.itkc.or.kr.

柳得恭，2020. 泠斋诗集 [M]. 韩国中央图书馆，https://www.nl.go.kr：5-7.

柳琴，2007. 韩客巾衍集 [M]. 韩国国立中央图书馆，https://www.nl.go.kr：3-7.

朴齐家，1943. 北学议 [M]// 序（笔写本）. 韩国国立中央图书馆，http://www.nl.go.kr：10-11.

朴齐家，2005. 贞蕤阁集 [M]. 韩国古典综合数据库，http://db.itkc.or.kr.

朴齐家，2020. 北学议·卷 1-2[M]. 韩国国立中央图书馆，https://www.nl.go.kr：95-139.

朴趾源，1932. 燕岩集 [M]. 韩国古典综合数据库，http://db.itkc.or.kr.

Identity Dilemma and Cross-boundary Innovation: Literature and Ideological Reform of Middle-level Literati of Joseon Dynasty in the 18th Century

WANG Minyan

Abstract: In the 18th century, the international situation in East Asia changed with time, and the communication between the entourage and Chinese intellectuals attracted great attention from the middle and upper classes of Joseon Dynasty in Korea Peninsula, and the inherent concept of Hwa-yi gradually weakened. In spite of this, the status system of the Joseon Dynasty, such as "ordinary people", still strictly restricted the rise of the middle and lower literati and the possibility of displaying their talents. More and more middle-level literati actively join the diplomatic corps, seeking "bosom friends" with equal ideology in "foreign lands" and reconstructing literature and life. Through the reform of literary thought, they opened up the path of enriching the country with practical learning and realized the reverse of the local identity.

Keywords: Joseon middle-class people; limitation of Shunie; lifed restriction of Sunie; White Tower School; the North School

（责任编辑：王梦）

21世纪阿非利卡语文学对阿非利卡人本土身份的重构

内容提要：20世纪，南非的种族隔离制度一度成为世界关注焦点，阿非利卡人作为种族隔离制度的狂热支持者受到诸多批判。在1994年种族隔离制度结束、南非实现种族和解之后，阿非利卡人中的精英人士清醒地认识到建构阿非利卡人在新时期的本土身份的重要性。21世纪的阿非利卡语文学作品中，阿非利卡语作家们试图通过塑造阿非利卡人的正面新形象，展现阿非利卡人对南非这片土地的热爱，重构其南非本土身份，并且从形而上的角度呈现阿非利卡人的本土认知无意识。同时，他们也回避和淡化一些不利于身份建构的既往历史，从而成功地实现了新世纪阿非利卡人本土身份重构。

关 键 词：21世纪；阿非利卡语文学；本土意识；身份重构
作者简介：林晓妍，北京外国语大学亚非语言文学博士研究生，主要从事南非英语文学研究。
基金项目：本文系国家社会科学基金重大项目"21世纪东方区域文学年谱整理与研究2000—2020"（17ZDA28）的阶段性成果。

1652年，荷兰东印度公司占领开普半岛，建立供应站，为开往亚洲的荷船补给鲜肉、水果、蔬菜等。1657年，首批荷兰移民登陆南非，东印度公司雇员也开始在南非办农场，从好望角向内地迁移扩张，侵占南非土著人的土地。由于荷兰移民多为农民，且公司雇员以从事畜牧为主，这些荷兰人及其后裔自称为布尔人（Boer，荷兰语意为农民）。百年之后，约从18世纪中期开始，在与南非本土人和其他国家移民的交流磨合中，布尔人使用的荷兰语不再是单纯的荷兰语了，其中既有荷兰各种方言的成分，还吸收了德语、法语等词汇，后来又受到南非本土班图语和亚裔劳工语言的影响。这种在非洲发展成熟的杂交的新语言被称为阿非利卡语，讲这种语言的荷兰后裔及德、法后裔被称为阿非利卡人。[1] 阿非利卡人的最初身份无疑是殖民者，他们开启了种族隔离的先河，掠夺科伊人、桑人等土著人的土地和劳动力资源，使土著人沦为白人的奴隶、仅能生存在白人限定的一小部分地区，人口数量少的白人反而拥有南非大量土地和全部矿产资源。"南非种族主义经过萌芽、法制化、系统化彻底剥削非白人特别是黑人的一切政治、经济权利，种族关系严重失常。"（包茂宏，1994）阿非利卡人对南非其他种族人群政治、经济权力的严重压制乃至剥夺引起社会各界不满，在国际上也备受谴责。

1994年，南非种族隔离制度被废除，南非社会实现种族和解。然而，很多阿非利卡精英适应不了黑人拥有越来越多权力的现状，选择离开南非。南非著名作家 J. M. 库切（John Maxwell Coetzee）在2002年离开南非，移居澳大利亚，并于2006年加入澳大利亚国籍。虽然库切未明确表示过移民澳洲的原因，但他的这一举动让人不由得与阿非利卡人在种族和解后的南非的处境产生联想。然而，也有很大一部分阿非利卡文化精英选择留在南非，努力为种族和解之后的南非做一些有利于种族和解的工作。对于21世纪的阿非利卡人来说，面对的首要问题即是如何重新界定自己的身份，然后是如何处理他们与黑人之间的关系。许多学者也对此进行了探讨，如埃尔西·克洛伊特（Elsie Cloete）在《阿非利卡身份：文化、传统与性别》一文中通过对阿非利卡人的信仰、语言发展以及阿非利卡女性地位的研究，呈现了种族和解给阿非利卡人生活带来的变化（Cloete，1992）。康奈尔·维威（Cornel Verwey）和迈克尔·奎尔（Michael Quayle）从心理学角度调查阿非利卡人在后种族隔离时代的困境以及如何摆脱外界对阿非利卡人的刻板印

---

[1] 部分学者，如路易·约斯（Louis Joos）在《南非史》中，对荷兰后裔的称呼进行了历史划分，在荷兰殖民时期将其称为"荷兰人"，1910年南非联邦成立前称其为"布尔人"，之后称"阿非利卡人"。为避免混淆，本文除固有名词（如"英布战争"）及直接引用外，统一使用阿非利卡人指代南非的荷兰、德国、法国后裔。此外，Afrikaans一词学界也有译为阿非利肯语或阿非利堪斯语（如《新牛津英汉大词典》《牛津高阶英汉双解词典》《新世纪英汉汉英大词典》等），本文与北京外国语大学非洲学院采用统一译名，译为阿非利卡语。

象，在《后隔离时代南非的白人、种族主义和阿非利卡人身份》一文中，展示了阿非利卡人如何重新定义阿非利卡身份、南非人和非洲人身份。作者认为若一味将阿非利卡人构建为压迫性群体，可能会为极端主义提供有利条件（Verwey et al，2012）。琳达·劳布瑟 (Linda Loubser) 在文章《生而自由一代的阿非利卡身份：开拓者、农民和福科夫警车乐队》中，从学术理论和采访调查两个方面，探索了历史上和当今阿非利卡人的身份定位。基于对年轻阿非利卡人的采访，劳布瑟调查了 1994 年及 1994 年之后出生在自由时代的年轻阿非利卡人的观点，探究其如何看待自己与南非白人身份之间的关系，以及如何看待阿非利卡人在南非的地位和未来。文章中也包含了作者自身作为阿非利卡人的一些经历。[1] 基于诸多关于阿非利卡人在种族和解后的身份问题研究，本文尝试通过分析进入 21 世纪以来的阿非利卡语作品，探讨作家们如何重构阿非利卡人的本土身份认知，以及如何努力改变外界对阿非利卡人的固有负面印象。至于阿非利卡语作家们如何处理与黑人之间的关系，需要另外专文讨论，本文不涉及。本文不否认阿非利卡人作为曾经的殖民者、压迫者和种族隔离者的身份，但同时认为应该辩证地看待阿非利卡语作家们在重构本土身份形象时所采取的一些手段，诸如回避、弱化他们在种族隔离时期的负面形象，毕竟每个民族在建构自己历史文化和身份认同时往往都会回避一些不利因素。如果在南非实现种族和解之后，依然对阿非利卡人不光彩的既往史抱着成见不放，那岂不是依然是在制造新的种族分裂？因此，本文认为应当以发展的眼光来看待阿非利卡语作家为重构新的阿非利卡人本土身份所做出的努力。

一、历史进程中的阿非利卡人本土身份认同

当代阿非利卡语作家对阿非利卡人本土身份认同的书写并非空中楼阁，也不完全是新时期的民族意识产物，而是有迹可循的。1795 年之前的

---

[1] 资料来源于 CORE 网站（读取日期：2022 年 8 月 13 日）。

南非是荷兰殖民者最大、持续时间最长的海外家园，但是由于荷兰在梅森堡战役中战败，1795 年 6 月，英国人借口"保护"荷兰的海外殖民地，进军开普，动摇了荷属东印度公司在南非的统治。对于在南非驻扎了一个多世纪的阿非利卡人来说，英国这一举动无异于侵犯"自己的领土"，因而英殖民者的到来反向强化了阿非利卡人对南非的本土身份认同感（至于阿非利卡人对真正本土黑人的殖民不在本文讨论的范围内）。同年，"最边远的赫拉夫—里内特边区布尔人发动骚乱，反对公司统治，赶走区长迈尼厄，并自选代表，成立赫拉夫—里内特共和国。骚乱影响甚远，离开普城较近的斯韦伦丹的布尔人也被卷入，成立斯韦伦丹共和国"（郑家馨，2017）[50]。这两个"共和国"虽很快便被英军占领，但是这一历史事件对阿非利卡人离弃荷兰和欧洲、认为自己是南非本土人这种思想的形成产生了深远影响，从而使得阿非利卡人在南非这片土地上"反客为主"。1814 年，《英荷条约》正式承认英国对该地的所有权；1820 年，英国大批移民进入南非，英殖民的政策改革和对开普殖民地的经济占领，迫使阿非利卡人向内地迁徙。

在 1835—1852 年的阿非利卡人大迁徙中，产生了一批阿非利卡语日记和书面作品，表现出阿非利卡人对南非这片土地的使命感，这是早期阿非利卡语文学的杰出代表，也是阿非利卡人本土身份意识在迁徙过程中成型的代表。1876 年，民族主义组织"真正阿非利卡人协会"（The Genootskap van Regte Afrikaners）创办了刊物《阿非利卡人爱国者》（*Die Afrikaanse Patriot*），"在 1900 年之前，它发表了许多书面阿非利肯 [卡] 文学作品，为阿非利肯 [卡] 人提供知识，培养他们的政治意识。此外，协会还出版对阿非利肯 [卡] 语的介绍，即对南非历史的评论（旨在纠正官方的以英语为定向的学校手册）。"（李永彩，2009）[106] 阿非利卡民族主义者试图通过创建阿非利卡语杂志推动形成统一的阿非利卡文化认同。彼时的阿非利卡语作品多属政治评论类，同时也有一批作家受到 19 世纪 30 年代中期开始的阿非利卡人"大迁徙"启发，创作了大量散文和诗歌赞美大迁徙的领袖人物皮特·雷蒂夫（Piet Retief）、赫特·马里茨（Gert Maritz）等，这些作品已具有鲜明的民族主义色彩和强烈的本土身份意识。

　　21 世纪，一些阿非利卡语作品秉承 19 世纪末期阿非利卡民族主义者的精神，对历史事件进行挖掘，尤其注重从历史的角度呈现和建构阿非利卡人的本土身份意识。丹尼尔·斯莱（Daniel Sleigh）的小说《1795》和威廉·安克（Willem Anker）的小说《拜斯：一部边界小说》（*Buys:'n Grensroman*）（以下简称《拜斯》）堪称这方面的代表。《1795》呈现了阿非利卡人在反抗英殖民统治过程中出现的本土意识。主人公威廉·范·里德（William van Reede）是州长的儿子，他们一家住在萨斯维尔德（Saasveld），生活安逸，一切井然有序。但在 1795 年冬天，"暴风雨"席卷了全国，"在克雷格将军的指挥下，西蒙镇的英国海军正准备登岸夺取开普"。[1] 威廉因英军入侵失去了许多他认为属于自己的东西。1795 年正是英国进军开普接管开普殖民地、取代荷兰东印度公司的关键年份，同年英国对多地成立的阿非利卡人"共和国"镇压，这一行为强化了阿非利卡人从外来者到反抗外来者的转变。"威廉对外国统治的持续抵抗使他成为众矢之的，新政府不断给他的生活制造困难。"[2] 尽管如此，直到小说最后，威廉都拒绝屈服于英国统治，他对开普的热爱贯穿整部小说。在丹尼尔的笔下，主人公威廉代表着在南非安居乐业的荷兰殖民者后裔，他们已将南非视为自己的家园，因此与英国统治展开斗争。借助威廉这一形象，作者成功地展现了为保护南非家园而与英殖民斗争的阿非利卡人正面形象。

　　小说《拜斯》与《1795》的时间背景相当，但二者的重心不同，《拜斯》可视为对英国殖民者最初控制南非时期状况的反映，展现的是作为荷兰后裔的阿非利卡人在文化和民族界限尚未确定之前的南非土地上，如何面对英殖民者，开拓自己的生活，寻求自己的立足之地，建立自己的家园。该小说获 2016 年南非文学奖，由米歇尔·海因斯（Michiel Heyns）译成英文《红狗》（*Red Dog*），2019 年出版后获得了 2020 年国际布克奖的提名。小说背景为 1761—1814 年 11 月的南非。1761 年，主人公拜斯出生；1814 年，荷兰在维也纳会议上正式将开普殖民地移交英国。拜斯以普通人的身份游荡在南非土地上，见证了南非早期殖民历史，以"我是无所不在的，

---

[1]　资料来源于文学网（Litnet）网站（读取日期：2021 年 9 月 14 日）。
[2]　资料来源于文学网（Litnet）网站（读取日期：2021 年 9 月 14 日）。

我是无所不知的"（Anker，2018）[6]的形象讲述了"18、19世纪之交欧洲革命性的变化在开普殖民地的影响，见证了殖民力量在荷兰、法国和英国之间的快速转换"。[1]拜斯代表了早期以南非本土身份自居的荷裔后代，由于祖辈、父辈已在南非扎根，他们完全生长在南非，去欧洲留学之前仅是从上一代人的口笔中了解欧洲大陆。在阿非利卡语（1925年获得官方语言地位）尚未定型之前，他们自认为是生活在南非讲不同语言、有不同信仰、不同肤色的本土人，他们在这片土地上快乐成长，"我和霍屯督和布须曼的孩子们一起玩，我们扔黏土棒、扔石头，我们钓鱼、偷鸡蛋，还打架"（Anker，2018）[18]。随着英国殖民者到来，阿非利卡人的身份意识开始发生重要变化：英殖民到来之前，阿非利卡人对自己本土身份的认知还是一种自发性的朦胧认知；自1814年荷兰正式将开普殖民地移交英国开始，他们对自己本土人身份也开始有了自觉性的清晰认知。小说主人公拜斯所生活的时代，正是这一"跨界"时期。

拜斯代表了跨越种族、语言和地理界线，乃至心理本土界线的一类人，他们反对一切形式的权力和压迫。小说副标题"一部边界小说"实际上表明小说中有许多界线被打破，阿非利卡人从开普敦港口逐渐内迁侵入土著人的地域。在作者看来，这一跨界完成了从荷兰人后裔到认同南非人身份意识的成型。在小说第三部分"1814年11月7—8日"中，作者通过极具隐喻性的一段话，表现了阿非利卡人与英国人的分隔。"墙壁分隔了地板，创造了空间。墙把我们和世界隔开，它创造了一个新世界，一个有框架的世界……墙把世界分隔开了。只要墙还在，我们就可以共存。地板、墙壁和窗户相互选择，相互分隔，共享同一个外部，它们共同支撑起最后一道隔断：屋顶。"（Anker，2018）[221]在这里，作者将阿非利卡人的本土意识描绘为一道看不见的隔离墙，把阿非利卡人与英国人的外来者身份隔离开来；这道隐形墙竖起的同时，也使阿非利卡人的本土意识跨越了之前的隐形隔离墙界线，从朦胧的自发性本土意识进入清晰的自觉性本土意识。

在上述两部作品中，作者强调的均是阿非利卡人以南非人的身份认同

---

[1]　资料来源于观察者（Spectator）网站（读取日期：2021年5月28日）。

捍卫自己对这片土地的权力，反抗英殖民的入侵。《1795》强调的是这个年份对于阿非利卡人本土身份意识形成的特殊意义，《拜斯》强调的则是英国殖民者在南非的殖民统治对阿非利卡人本土身份认知成型的反向重要意义。因此，这些作品实际上都在着力构建阿非利卡人的本土身份意识，"作为整体的民族的自我意识也是在与他者的交往，接触，碰撞或冲突的过程中逐渐形成并成熟的"（黎跃进 等，2014）[543-544]。显然，英国成为阿非利卡民族的"他者"参照。或许，在历史的当时，阿非利卡人本土身份意识的变迁未必有如此清晰的时间节点，但当代阿非利卡精英们的着力建构为阿非利卡人本土身份意识树立起了牢不可破的历史时间观念。"从某种意义上讲，一个时代的历史题材的繁荣从一个侧面体现了一个时代或一个民族的明确的文化要求……而其更深层的目的则是以自己的创作去重塑民族文化的辉煌。"（黎跃进 等，2014）[686] 作家以个体剪影重现阿非利卡"大历史"，其内在意蕴是阿非利卡民族整体意识，意在塑造当代阿非利卡人的民族自豪感。

第二次英布战争更是阿非利卡民族意识形成的关键节点。1899—1902年，英殖民者和阿非利卡人为争夺南非资源和统治权爆发了第二次英布战争（1880—1881 年的第一次英布战争以议和结束），"可以说南非布尔人的阿非利卡的民族意识在这几年中显著地形成"（郑家馨，2017）[209]。不仅德兰士瓦和奥兰治的阿非利卡人参与战争，开普殖民地的阿非利卡人也联合起来对抗英国人。获 2016 年南非文学奖的小说《慰安妇》（Kamphoer）从女性视角出发讲述第二次英布战争对阿非利卡人的影响。作者弗朗索瓦·史密斯（Francois Smith）以主人公阿非利卡人苏珊·内尔（Susan Nell）在英布战争期间和母亲被关进温堡集中营沦为慰安妇为主线。苏珊利用运尸车假装尸体逃离集中营，看似拥有正常生活，但与最初强奸她的将军的相遇让苏珊回忆起集中营中的悲惨生活和屈辱。虽然历史事实是英布战争中最大的受害者莫过于南非黑人，战争后英裔白人和阿非利卡人在统治和压迫黑人方面更是空前一致。然而，作者通过对英布战争中阿非利卡人的悲惨遭遇的巧妙书写，将阿非利卡人同南非黑人和有色人种妇女均置于受害者一方。因此，《慰安妇》以及上述的《1795》和《拜斯》这样的一些作品，均是回避阿非利卡人与本土黑人之间的关系——阿非利卡人负面形象之源，着力书写阿非利卡人与英国殖民者之间的关系，使两者之间的"对立"成为重塑阿非利卡人本土身份的基石。对于 21 世纪阿非利卡作家们"洗白"自己的历史，我们应当保持清醒的认知，既要指出历史的本来面目，同时也应辩证地看待每个民族在重构自我身份时所采用的手段。

另一方面，第二次英布战争直接导致了 20 世纪初阿非利卡语的蓬勃兴起，"当时英国控制了阿非利卡人建立的德兰士瓦和奥兰治自由邦，英国高级专员阿尔弗雷德·米尔纳（Alfred Milner）制定了在所有官方级别仅讲英语的政策"（Constantine，2018）。英殖民者的语言政策激起了阿非利卡人对阿非利卡语的情感，反向推动了阿非利卡语的定型。面对语言英语化的威胁，阿非利卡民族主义者和中产阶级为推动阿非利卡身份认同意识的形成，发起阿非利卡语语言运动，"语言学家指出，第二次语言运动中阿非利卡语的标准化和巩固对阿非利卡人身份认同的构建至关重要"（Swart et al，2008）。这一点在康奈尔·维威和迈克尔·奎尔的《后隔离时代南非的白人、种族主义和阿非利卡人身份》一文中亦有所体现。阿非利卡语的标准化、书面化，乃至 1925 年获得南非官方语言地位，对于阿非利卡人群体中形成共同的语言和文化共识不可或缺，更是阿非利卡人本土身份认同的基石。因此，21 世纪的阿非利卡精英们在重塑自我形象时，可谓是牢牢抓住了这一历史基石。

二、种族隔离与阿非利卡人本土身份建构的递进

1948 年，作为统治者的阿非利卡人国民党强化了之前就已经在南非存在的种族隔离制度，使之成为一种"法律"。1961 年 5 月，南非退出英联邦之后，阿非利卡人依然采用种族隔离制度来压迫黑人，遭到国际社会的强烈谴责。1994 年，种族隔离制度终结，南非实现种族和解。面对南非政治社会的重大转型，阿非利卡精英们回避种族隔离时期阿非利卡"白人"与本土"黑人"之间曾经存在过的社会关系，而是着眼于描写英殖民时期就已经

存在的种族隔离制度对普通阿非利卡人生活的影响。事实上，英殖民时期存在于英裔白人和阿非利卡人之间的统治与被统治的关系和地位，并没有在"白人"和"黑人"的二分法下消除，对广大的下层阿非利卡人来说，他们也处在被统治的地位。阿非利卡精英们利用这一点，移花接木，巧妙塑造阿非利卡人同样是种族隔离制度受害人的形象，进一步夯实阿非利卡人的本土身份。对这种"移花接木"的手段，我们可以对之进行批判，但也应看到阿非利卡精英们的"睿智"。

玛琳·范·尼克尔克（Marlene van Niekerk）最著名的小说《胜利》（*Triomf*）由学者里昂·德·考克（Leon de Kock）翻译为同名英语作品，于2000 年出版；另一部著名小说《阿加特》（*Agaat*）由米歇尔·海因斯翻译为英语《女性之路》（*The Way of the Women*）于 2007 年出版。两部作品从不同视角书写南非种族隔离制度对阿非利卡人生活的影响。在《胜利》中，作者以即将被夷为平地的索菲亚小镇（Sophiatown）为背景，拜纳兹（Benades）一家是生活在这个黑人小镇的阿非利卡人家庭，他们和所有黑人一样正忐忑不安地等待着南非的第一次民主选举。小说将阿非利卡人面对南非发生变化时的手足无措呈现在读者面前，书写了种族隔离制度之下贫穷的阿非利卡人的悲剧，并进一步揭示了"种族隔离之下，意在帮助贫穷白人的项目不过是建立在毁灭其他人的生存之上"。[1] 显然，作者渲染的是"种族隔离之下""贫穷白人"（即阿非利卡人）的生活状况。至于阿非利卡人曾经作为种族隔离制度实施者这样不利于重塑阿非利卡人身份的历史本来面目，当然不会出现在阿非利卡精英们的笔下。

小说《阿加特》通过年迈的阿非利卡妇女米拉（Milla）的回忆和日记讲述阿非利卡人在 20 世纪 50 年代至 1996 年近半个世纪的生活。米拉继承了母亲的农场，收养了农场里瘦小的有色人种女孩阿加特。在米拉有了自己的孩子之后，阿加特的身份变得尴尬。但米拉并没有像臭名昭著的阿非利卡农场主一样动辄打骂，极力压榨有色人种和黑人奴隶，她依旧把阿加特视为亲人。在米拉年老后，更是与阿加特相依为命。"有政治意识的读者

---

[1] 资料来源于华威大学（Warwick. AC.UK.）网站（读取日期：2022 年 4 月 3 日）。

会发现，小说很容易被解读为种族隔离的隐喻，而对南非更感兴趣的读者则会欣赏刺绣、生态农业实践和家庭护理等细节。"[1] 白人农场主和有色人种，再加上小说时代背景是种族隔离时期，确实很容易使"有政治意识的读者"联想到这是一部关于种族隔离的小说。然而，实际上，作者在小说中并没有渲染种族隔离（这对阿非利卡作家来说其实是着力回避的），反而更多书写阿非利卡文化、引用阿非利卡语诗歌，因此这更像是描述阿非利卡人与南非的渊源。米拉与阿加特的关系更像是好友，而非压迫者与被压迫者。阿加特成为最熟悉米拉的人，无微不至地照顾米拉。"她（指米拉）是清醒的，真的，医生，你现在可以让她一个人待着了，她只是累了，当她那样闭眼睛的时候我就知道了。她说，一切都准备好了，她现在只想睡觉。我知道，我了解她的方式。"（Niekerk，2006）阿加特对医生说的这一番话，成功地呈现出阿加特与米拉之间的心有灵犀和深厚情感。作者不仅描绘了另类的阿非利卡人，还叙述了另一类阿非利卡人与有色人种、黑人的关系，这种友好的关系是基于双方之间"同属一片土地"的认同，米拉这一形象更是凸显了作者对阿非利卡人南非本地身份认同的着力塑造。我们不能否认这种友好关系在种族隔离时期的"个别存在"，然而21世纪的阿非利卡作家们将"个别存在"大书特书。我们完全有理由批判其"别有用心"，但批判之余也无法忽视阿非利卡精英们建构手段的"睿智"。

种族隔离结束之后，拥有白皮肤的阿非利卡人如何面对新政治下的社会生活，也是阿非利卡语作家关注的重点。安德里斯·布斯（Andries Buys，笔名 Lodewyk G. du Plessis）的《达安·范·德·沃尔特的道》（*Die Dao van Daan van der Walt*）试图通过小说主人公在中国与自己达成和解的过程，彰显阿非利卡人本土身份认同业已定型。种族隔离结束后，主人公达安·范·德·沃尔特一时难以适应黑人拥有越来越多权利的社会。达安的这种不适应感，一方面源于阿非利卡人自认为已经是南非本土人的组成部分，理应在种族隔离结束后的社会生活中应享有同等的社会权利；另一方面，也可能源自种族隔离时期，阿非利卡人无论如何也自视高"黑人"一等的优

---

[1] 资料来源于出版视角（Publishing Perspectives）网站（读取日期：2022年4月3日）。

越感。达安试图从以往熟悉的环境中寻找安全感，做礼拜、读圣经、在农场生活。但是这些并没有将达安从不安中解脱，儿子将他送到中国，希望他能找到自己的"道"。作者曾在中国生活过较长时间，对中国传统文化有较深入的了解和欣赏。他曾在一次访谈中提道："我选择中国是因为我曾在中国花了很长时间学习太极。"[1]这说明因此，作者将自己的经历作为作品背景，通过对中国的探索，更好地了解自己的国家。小说以个人身心的困境与恢复去暗示南非国家的困境与未来出路，探索个人身心的和解与南非不同种族之间的真正和谐之路。"道"字面上的意思是"道路""途径"。事实上，中国道家思想文化已成为很多对中国文化感兴趣的外国人了解中国传统文化的最初入口。作者表现出对道家思想内涵的确切理解，他认为"道"即"发现平衡生活的方法"。[2]显然，作者的中国生活经历使他对中国文化、多民族和谐共存有比较深入的了解和体认。小说主人公在中国实现的自我和解，既是身体上的解放，也是思想上的自由，不再困顿于同为本土人而黑人获得越来越多权利的局限。"达安成了一个拥有平衡思想的人，接受自己，尊重人类同胞。"[3]这种平衡思想可以看作是对中国文化中"和谐"理念的巧妙运用，可以看出作者对中国发展理念和发展模式的一定程度的认同。特别是随着中国"一带一路"倡议的提出，中国和南非的合作日益加强，作者从自己的中国生活经历出发，小说名字和主人公在中国获得身心和解都说明作者将中国的和平、和谐发展理念代入小说文本，视为南非阿非利卡人与其他南非土著民族相互合作、促进未来发展的一种值得探索的方式。在作家笔下，主人公成为种族隔离结束后南非社会中积极能动的参与者和建设者，"南非主人"的感觉油然而生。

因此，为打破世人对阿非利卡人的种族隔离支持者的既往负面印象，重塑阿非利卡人正面形象，继而完善阿非利卡人的本土身份构建，当代阿非利卡语作家们正在从不同角度出发努力塑造不同于阿非利卡人固有形象的新形象。对于他们付出的努力，我们无疑应该用发展的眼光来看待。

---

[1] 资料来源于异议者日报（Daily Maverick）网站（读取日期：2021 年 7 月 28 日）。

[2] 资料来源于异议者日报（Daily Maverick）网站（读取日期：2021 年 7 月 28 日）。

[3] 资料来源于异议者日报（Daily Maverick）网站（读取日期：2021 年 7 月 28 日）。

三、对阿非利卡人本土身份的形而上认知建构

阿非利卡语作家们并不局限于表层的本土身份建构，还从形而上角度出发提升阿非利卡人的本土认知层次，这集中体现在诗歌创作中。最初阿非利卡语诗歌多为英雄诗或田园诗歌，又或歌颂阿非利卡人反抗英殖民者的正义事业。"到了 20 世纪 60 年代，阿非利肯 [卡] 语诗歌发生了突变，不再遵循固有的传统，出现了个人主题和对社会现实的关注，甚至抗议社会的不公平，支持南非的解放运动。诗歌形式也多样化，出现许多自由体诗。"（李永彩，2009）[320] 进入 21 世纪后，阿非利卡语诗歌内容、形式更加丰富，作家开始以一种化"有（身份建构）"入"无（身份建构）"的形而上的方式来呈现阿非利卡人的本土身份认知。

诗人吉尔伯特·吉布森（Gilbert Gibson）的诗歌《自由—》（vry—）以"自由—"为标题，会让读者联想到许多与"自由"相关的词语，如自由邦、自由存在、自由落体、自由形式等，每个词都有不同的意义。诗歌里的"自由"更多的是与国家相关的，诗人在诗集开篇表达了对自由国家的向往："自由的国家终有一天再次拥有自己的国界 / 记忆中的地球逐渐老化变小 / 水 火山喷发 尘土飞扬 / 停下双足 在空旷的公园里睡觉。"[1] 从"国家"联想到"公园"，就像朋友之间的随意聊天，各种不相关的话题无缝衔接。意识的自然流动展现了南非人成长和生活的自由空间，在这里很大程度上代表着阿非利卡人在南非如鱼得水的生活，以主人公的姿态畅想祖国的未来。对"水""火山喷发""尘土"的连用也可以看出，作者将不相关的事物放在一起隐喻南非多种族的社会形势，而"在空旷的公园里睡觉"这一行为就像在自己家里一样，轻松随意地散发出其作为南非人的本土身份认知。

从诗的整体来看，处处显露出诗人对南非的关心，祈盼和平发展的祖国："普通人无法想象你眼中的光 等到晚上 / 你的奴隶情人 从内而外的

---

[1]　资料来源于科博（Kobo）网站（读取日期：2021 年 8 月 2 日）。中文为本文作者译。下文中涉及的诗歌均为作者自译。

爱意。"[1] 诗人由内而外表现出的对南非的热爱，是基于自己潜在的本土身份认知，正是生于斯、长于斯的本土身份认知造就了阿非利卡人对南非的这种情感。吉布森对诗歌形式的新尝试，如本诗中用到的删除线，给了诗歌一个半清晰的外观："~~不要放弃~~ 曙光会用力敲你的门 / 就像狗在花园里探索像圣人一样。"[2] 这样的删除线也代表着阿非利卡人的本土身份已不需要外在的强调，因为这种身份认知已经渗入生活和思想的方方面面，荷兰后裔的身份在阿非利卡语形成的时候就已经失去意义。

诗歌也会以一种独特的、抽象的方式来表现阿非利卡语作家对人生的观照，在诗集《简，派特，库斯和雅克布》（*Jan, Piet, Koos and Jakob*）中，诗人洛夫特斯·玛丽埃斯（Loftus Marais）用常见名称打破诗歌刻板印象，诗中多个名词放在一起以幽默和讽刺的方式隐喻日常生活中的事件（如冲突，艺术，人际关系等），而标题用常见的名字来表示生活中的"每个人"，将每个人与社会事件联系在一起，使诗歌成为社会上每个人的画像，上面写着"我们"是谁，生活在哪里，做什么、带来什么以及发生了什么。名字的普遍性，或者说南非社会中普通人的相似性，代表着阿非利卡人在南非已经大众化。阿非利卡语作家将目光聚焦到普通人的生活上，力求通过普通阿非利卡人的描写，构建阿非利卡人即是南非社会中的有机组成部分，他们的阿非利卡人本土身份完全不需要刻意提起、建构，而是已成为日常化模式。在诗集末尾，诗人写道："我希望你们明白 / 名字只是一种称呼 / 而非多数人认为的愿望或历史 / 甚至是一幅画像。"[3] 诗人以"名字"代指大众，那么"画像"的描绘对象既是作为南非本土人的阿非利卡人，也指代了南非芸芸众生。这种一致地、普遍性地描绘正是诗人对其本土身份认知的无意识，是一种化"有"入"无"。

在《列夫库斯》（*Liefkoos*）一诗中，诗人展示了高超的文字艺术，"我把'咖啡'送到你鼻子前 / 黑色的粉散发着青草的味道 / 你在指尖摩擦着'翼阻力'的晶状体，/ 说它会产生静电 / 一种电荷，我笑了，拿起贝壳类的东

---

[1] 资料来源于科博（Kobo）网站（读取日期：2021 年 8 月 2 日）。

[2] 资料来源于科博（Kobo）网站（读取日期：2021 年 8 月 2 日）。

[3] 资料来源于文学网（Litnet）网站（读取日期：2021 年 5 月 26 日）。

西 /'宝球'——它太小了——在你眼睛前, / 你审视着外面的图案 / 问我, 里面有东西吗?"[1] 玛丽埃斯用巧妙的手法将常见的"咖啡""方糖"表现出来, 分别代指南非人和外来移民, 两者之间的碰撞就像阿非利卡人和移民南非者之间的交流。"我"将黑色咖啡粉送到"你"的面前, 即作为南非本土人的阿非利卡人将南非呈现在世界面前, 南非这颗"宝球"吸引着外界探索的目光。这一主动展现南非意象的行为使人明显感觉到与本文前面两个部分中构建本土身份意识作品的不同, 阿非利卡人的本土身份认知层次上升到了形而上的存在, 不再需要群体共同刻意强调认同, 而是自然而然成为南非的"每个人"。

在玛丽丝·朱伯特 (Marlise Joubert) 的诗集《地下水》(Grondwater) 中, 很多诗节表达了诗人对敬爱的母亲的缅怀主题。诗人在开篇便奠定了对母亲的沉思追忆基调, "没有妈妈的女儿是女人 / 不完整。这种失去转变成关节炎 / 深深扎进骨头里"。[2] "母亲"这一形象是伦理上的母亲, 在深层次上也可看作南非, 诗人对母亲的情感抒发也暗含着对南非的眷恋, 以"女儿"和"妈妈"的形象, 表现阿非利卡人对南非的归属感。在诗的第三部分"水计量"(Digit Water) 中, 诗人以"水"隐喻人生的种种变化。"从薄薄的报纸上吹出来 / 农场的历史不见了 / 仍在打井 / 游泳池里的水 / 使客人停留更长的时间 / 过去的风过去的干燥 / 池塘里的寂静。"[3] "水"记录了历史的发展、农场的变迁, 池塘中的水也可引申为镜子, 观照阿非利卡民族的变迁, 觉悟南非本土人身份认知, 这一认知也像水一样活跃在阿非利卡人的思想和身体中。水在文学作品中具有女性原型的象征, 代表着生命、母性, 与创造力相关, 是生命起源的元素, 这一意象与诗集开端的"母亲"相契合。显然诗人笔下的"水"包含着对人格和思想的塑造, 通过"水"的各种形态转变, 唤起了诗人成长的记忆, 这些记忆既是个人的生命过程展示, 也蕴含着阿非利卡人从民族意识萌芽, 到完成本土身份建构, 再到与南非融为一体的身份认知历程, 从而形成完整的历史认同感、

---

[1] 资料来源于文学网 (Litnet) 网站 (读取日期: 2021 年 5 月 26 日)。

[2] 资料来源于文学网 (Litnet) 网站 (读取日期: 2021 年 5 月 26 日)。

[3] 资料来源于维辛达巴 (Versindaba) 网站 (读取日期: 2021 年 5 月 28 日)。

归属感，

尽管以上作品没有刻意强调阿非利卡人本土身份建构，但"不刻意建构"本身就是对其本土身份认知的建构，这种化"有"入"无"的形而上的本土身份认知更加具有影响力。诗歌作品本身具有高度的抽象性和凝练性，这说明阿非利卡语的文学精英们在对阿非利卡人本土身份的认知方面，超越于"刻意构建"，以一种更具有普遍意义的方式、一种自然而然的方式来呈现，让人们认识到阿非利卡人自然而然就是南非本土人，就是这片土地的主人之一。这实际上是建构阿非利卡人本土身份认知层次的巨大提升。

阿非利卡人从荷兰殖民者后裔到作为南非"本土人"的主体身份意识是一个从量变到质变的过程。本土身份意识是随着阿非利卡语的形成而出现的，但也离不开阿非利卡文化精英们的着力建构。历史上，阿非利卡语作家对本土身份的建构更多是通过对英国人的批判来展现，在政治层面与英国对弈以展示阿非利卡人的南非主体姿态。而进入 21 世纪以来，阿非利卡作家们已经不再着眼于英国一方，而是着眼于自身，以本土人的身份看待和建构历史中的阿非利卡民族成型的关键时间节点，从而重新书写本民族的历史。同时，他们积极介入对阿非利卡人在种族隔离制度解除前后生活状况的重新书写，巧妙突出普通阿非利卡人在种族隔离时期的苦难生活以及与土著的友好关系，回避阿非利卡人作为种族隔离实施者的负面形象，强化阿非利卡人的本土身份。当然，阿非利卡精英们是十分"睿智"的，他们对本土身份的建构手段和途径是十分多元化的，一方面着力强调，另一方面却又弱化对其本土身份的强调，从形而上的角度引导人们自动认同其本土身份。同时，他们回避和淡化一些不利于身份建构的既往历史。这说明，进入 21 世纪以来，阿非利卡语作家们在以不同的方式，从不同的角度构建、塑造、强化、提升阿非利卡人就是南非本土人这样一种认知，从而成功地实现了阿非利卡人本土身份重构。这对于实现种族和解之后南非不同种族之间的和谐相处无疑是具有积极意义的。

参考文献

ANKER W, 2018. Red dog[M]. Trans. Michiel Heyns. Cape Town: Kwela Books.

CLOETE E, 1992. Afrikaner identity: culture, tradition and gender[J]. Agenda: empowering women for gender equity, (13): 42-56.

CONSTANTINE P, 2018. Writing an un/broken language: multilingualism, translation, and the rise of Afrikaans[J]. Translation review, (1):17.

NIEKERK M V, 2006. Agaat[M]. Trans. Michiel Heyns. Cape Town: Jonathan Ball Publishers: 214.

SWART S, LIZE-MARIE V D W, 2008. "Taaltriomf of Taalverdriet?" An aspect of the roles of Eugène Marais and Gustav Preller in the Second Language Movement[J]. Historia, (2):127.

VERWEY C, QUAYLE M, 2012. Whiteness, racism, and Afrikaner identity in post-apartheid South Africa[J]. African affairs, (111): 551-575.

包茂宏, 1994. 南非种族关系的演变及趋势 [J]. 西亚非洲,（3）: 11.

李永彩, 2009. 南非文学史 [M]. 上海：上海外语教育出版社.

黎跃进，等，2014. 东方现代民族主义文学思潮研究 [M]. 北京：昆仑出版社.

郑家馨, 2017. 南非通史 [M]. 上海：上海社会科学院出版社.

The Reconstruction of Afrikaners' Native Identity From Afrikaans Literature in the 21st Century

LIN Xiaoyan

Abstract: Apartheid in South Africa once was the focus of world in the 20th century. Afrikaners were extremely criticized as the fanatical supporters for the apartheid. With the end of apartheid in 1994, South Africa came to racial reconciliation, and Afrikaner elite clearly recognized the importance of constructing Afrikaner identity in the new era. In the 21th century Afrikaans literature, Afrikaner writers tried to create a positive and new image of Afrikaners through their works. In these works, writers show Afrikaners' devotion for South Africa, reconstruct native identity of the Afrikaners, and present the native unconsciousness of the

Afrikaners from a metaphysical perspective. At the same time, Afrikaans writers also avoid negative history in order to realize the construction of Afrikaners' native identity in the new century.

Keywords: the 21th century; Afrikaans literature; native consciousness; identity reconstruction

（责任编辑：曾琼）

21世纪蒙古国文学研究：以翻译与传播为例

张乌兰　王晓燕

内容提要：21世纪，蒙古国处于社会转型平稳发展阶段，其政治、经济、文化发展稳定，文学发展也相对较繁荣，在国家与民众双向努力下，作家群体逐步壮大、流派多样，呈现出百家争鸣、欣欣向荣之势。在文化多元互动背景下，在21世纪20年间蒙古国出现了一批具有多语种能力的作家，在反思传统文学创作基础上，致力于文化文学交流和文学翻译，为蒙古国文学"走出去"提供了重要渠道，同时提升了蒙古国文学在东方文学和世界文学研究中的地位。

关键词：东方文学；蒙古国文学；翻译；文学传播

作者简介：张乌兰，内蒙古民族大学助理研究员，天津师范大学比较文学与世界文学专业2019级在读博士研究生，主要从事东方文学与文化研究；王晓燕（共同第一作者），天津师范大学比较文学与世界文学专业2021级在读博士研究生，主要从事东方文学与文化研究。

基金项目：本文系2017年国家社会科学基金重大项目"新世纪东方区域文学年谱整理与研究2000—2020"（17ZDA280）的阶段性研究成果。

蒙古国是位于中俄之间的亚洲内陆国家。蒙古国与外界的文学交流并未受限于其地理位置，反而十分开放。蒙古民族作为游牧民族一直生活在地域辽阔的大草原上，四季轮牧，逐水草而居，正是这种流动性，决定了其文化、思想的开放性和包容性。进入21世纪以来，蒙古国从国家领导人到各级相关部门，再到普通民众，都注重文化交流和文学发展。蒙古国国家领导人多次出席重要文学活动，蒙古国文化部、司法部也多次举办文化文学相关宣传活动，邀请国内外作家学者参会，为蒙古国作家提供文学交流的平台，从而促进作家队伍发展壮大。进入 21 世纪后，蒙古国现代诗歌进入了一个多样化、国际化、民族化的新时代，新一代诗人成长起来，诗人队伍不断壮大，在继承传统和创新的路上展现出不同的风格特征（赵振江，2019）。蒙古国当代作家在与中国、俄罗斯等其他国家和民族的交流交往中，通过译介接受外来文化熏陶的同时，注重以文学交流的方式弘扬与宣传蒙古国传统文化。

一、蒙古国与中国的文学交流

蒙古国是中国的友好邻邦，两国在政治、经济、文化上往来频繁，特别是中国提出了"一带一路"倡议，这为中蒙文化交流搭建了更高的平台。"一带一路"旨在借用古代丝绸之路的历史符号，高举和平发展的旗帜，积极发展与沿线国家的经济合作伙伴关系，共同打造政治互信、经济融合、文化包容的利益共同体、命运共同体和责任共同体（杨柠溪 等，2018）。"文化包容"指在文化交流过程中互相吸收彼此的文化精华，从而弘扬本土文化使其发展壮大。文学是文化的再现，因此文学交流在文化互动中尤为重要。

中国与蒙古国的文学交流由来已久，中国的蒙古族文学与蒙古国文学有着千丝万缕的联系，而中国文学与蒙古国文学的互动也较为频繁。1952年，中蒙两国签署《中蒙经济及文化合作协定》，有效促进了两国在经济、文化、教育领域的紧密合作与发展。2014 年，中国国家主席习近平访蒙，在蒙古国家大呼拉尔发表《守望相助，共创中蒙关系发展新时代》重要演讲。习主席在演讲中吟诵了蒙古国著名文学家达·纳楚克道尔基的诗作《我的故乡》，现场响起热烈的掌声。这充分说明文学是超越功利价值，直接滋润人心的载体，在拉近国与国、民与民之间感情中发挥着重要作用（毛艳丽，2020）。据国内学者聚宝对蒙古国明清小说蒙译本庋藏量的考察，"包括官方和私人收藏的明清小说蒙译本共四十多种，而其中能确定所依底本的有三十多种，共二千四百余册。这个庋藏量，几乎占目前国内外所藏明清小说蒙译本总量的 30% 左右"（聚宝，2016）。中国对蒙古国达·纳楚克道尔基、策·达木丁苏伦、策·洛岱丹巴等著名作家的作品也是译作频出，在外国文学史、东方文学史等领域相关教材中对这些作家及其作品也有不同程度的介绍。

进入 21 世纪以来，中国与蒙古国的文学交流主要体现在双方作家访问交流、举办学术会议和文学作品译介等方面。

（一）访问交流

进入 21 世纪后的 20 年间，中蒙多次互派作家和作家团访问交流、洽谈合作。2017 年 12 月 8 日，新华社成立新华网西里尔蒙古文网，"旨在向蒙古国受众报道中蒙关系发展，介绍中国政治、经济、民生、文化、民俗领域发展变化，营造两国睦邻友好的舆论氛围"（乌吉斯古楞，2021）。该网站的成立加速推进了中国文化在蒙古国的传播，也为蒙古国人民了解中国提供了更便捷的通道。2000 年，蒙古国两位著名诗人巴·拉哈巴苏荣、登·曹道勒应内蒙古作家协会邀请访问中国。同年夏，蒙古国作家协会会员、蒙古国著名作家、诗人登·普日布道尔吉以蒙古国驻华使馆工作人员身份与中国作家协会工作人员共同参加了中国之旅活动。蒙古国作家协会会员、著名作家、诗人宾·呼日勒巴特尔应中国国际广播电台邀请赴华工作两年。2000 年 8 月，著名学者、翻译家策·哈斯巴特尔与翻译家巴·达希策伦应内蒙古翻译协会正式邀请，对内蒙古自治区进行了工作访问。蒙古国这些文学工作者赴华工作与访问也是另一种形式的文学交流。

20 世纪 90 年代，蒙古国改变政治体制，奉行"多支点"外交政策。2002 年，为恢复蒙古国作家界对外关系与合作关系，蒙古国作家协会会长、诗人海·其拉扎布率团访华，与中方签署合作协议，共同规划未来合作。根据协议，以韩少功为团长的海南省文艺协会代表团访蒙，以了解蒙古国作家协会的工作情况及蒙古国文学作品。2003 年，蒙古国作家协会主席策·恩赫巴特博士和执行理事海·其拉扎布再次率团访华。2009 年 5 月 10 日至 6 月 9 日，蒙古国民族自由作家协会主席桑·白嘎勒赛罕教授会见了来自中央民族大学、西北民族大学蒙古文学领域的学者和硕博研究生，就蒙古现代文学的现状、水平、发展趋势进行交流。同年 11 月，桑·白嘎勒赛罕主席又访问了内蒙古社会科学院文学研究所、内蒙古大学和内蒙古师范大学，会见相关学者、研究生并发表演讲。双方就未来联合实施研究项目，并将内蒙古蒙古族作家作品翻译成西里尔文达成共识。2010 年 4 月 10 日至 5 月 10 日，蒙古国家科学院语言文学院蒙古现代文学理论和比较文学专家巴·孟赫巴亚尔应中国中央民族大学的邀请，在中央民族大学进行了为期一个月的访学活动。其间，巴·孟赫巴亚尔教授给中央民族大学蒙古语言文学专业的硕博士研究生开设课程，并以《20 世纪蒙古国短篇小说的发展》为题与中国学者专家们共同撰写了研究报告，促进了中国学者对蒙古国现当代文学的研究。2011 年 9 月 15—19 日，应内蒙古自治区人民政府新闻办公室邀请，以蒙古国作家协会领导委员会主席海·其拉扎布为团长的蒙古国作家代表团一行 13 人赴内蒙古考察。访问期间，蒙古国作家代表团同内蒙古文联、内蒙古作家协会负责人及自治区著名作家等进行了座谈。双方就以下方面提出合作意向：一是把内蒙古蒙汉文创作的文学作品译成或转写成蒙古文在蒙古国出版发行，尤其针对发行量大、影响广泛的作品；二是把蒙古国创作的文学艺术作品转写成老蒙文或译成外文，尤其是中文；三是要解决蒙古国与中国内蒙古的著作权和版权问题；四是探索将两国文学作品推广向世界的途径；五是加强中蒙两国作家交流与文学创作领域的合作。

中蒙两国作家之间的访问交流与合作极大推动了中蒙两国的文学深入交流，这也将进一步促进蒙古国文学在中国的译介和传播。在人际交往中，维护两个人的关系最主要的是沟通，维持两个国家之间的关系最主要的就是访问交流。中蒙两国通过作家和学者代表互访促进文学深入交流，进而有利于推动两国在政治、经济、文化领域的合作发展。

（二）举办学术会议

进入 21 世纪以来，中蒙各大高校和科研院所举办不同层级的学术会议，邀请各国学者参会，并发表论文和演讲。2008 年 9 月 22—26 日，第二届中国蒙古学会国际代表大会在内蒙古呼和浩特召开。蒙古国学者达·策仁索德诺姆、诗人道·苏米娅、学者桑·白嘎拉赛罕与会，分别发表论文《蒙古史诗研究方法的若干问题》《度母赞中的女性美视角及例证》《蒙古现代文学的价值》。2008 年 10 月，北京大学举办策·达木丁苏伦 100 周年诞辰国际学术研讨会。达·策仁索德诺姆、噶·别勒古岱应邀与会，分别以《策·达木丁苏伦为〈蒙古秘史〉研究所做的贡献》《院士策·达木丁苏伦在经书中的注释研究》为题做了学术报告。这些学术报告不仅有益于中国学者了解蒙古国学者的研究范畴，同时也为中国学者提供了蒙古国文学研究相关文献资料。

2012 年 9 月 19 日，中蒙作家论坛暨中国文学名著赠送仪式在蒙古国首都乌兰巴托举办。中国内蒙古作家代表团将多部获得鲁迅文学奖的中国当代作家作品，赠送给蒙古国国立图书馆。作为第三届"乌兰巴托·中国内蒙古文化周"重要内容之一，中国内蒙古作家代表团一行 8 人与蒙古国著名作家、诗人、评论家等近百人欢聚一堂，交流创作体会。2012 年 10 月 13 日，中央民族大学蒙古语言文学专业成立 60 周年庆典暨学术研讨会在中央民族大学举行，蒙古国立大学、蒙古国国家科学院等专家学者应邀出席。2017 年 6 月 17 日，蒙古国国立大学和蒙古国国立大学孔子学院联合主办中蒙文化论坛，来自中国山东大学和华东师范大学以及蒙古国国立大学的专家学者出席，就中蒙人文交流现状进行了深入研讨。同年 8 月 22 日，中国—蒙古诗歌交流会在蒙古国文化部图书馆举行，蒙古国诗歌文化学院院长蒙都友、蒙古国作家协会执行主席海洋、中国诗歌代表团团长北塔等中蒙两国诗人代表 30 多人出席。蒙都友院长在致辞中表示："第 37 届世界诗人大会在蒙古国成功举办，离不开中国及世界各国诗人的鼎力支持，蒙古国诗人将中国伟大诗人李白、杜甫的诗作翻译成蒙古语，蒙古国人民在学习李白、杜甫诗作的同时也仿汉语诗作写下了不少作品，影响深远。此次诗歌交流会也会成为两国文化交流的又一次碰撞，必将促进两国诗人们的创作交流，推动两国诗人间的友谊和发展。"[1]2018 年 8 月 3—5 日，蒙古国国立大学蒙

---

[1]　作家网，2017.2017 蒙古—中国诗歌交流会在蒙古国文化部所属图书馆隆重举行 [EB/OL]. http://hj.zuojiawang.com/html/wentandongtai/27962.html（读取日期：2023 年 3 月 14 日）.

古学研究院和中国中央民族大学蒙古语言文学系联合承办首届"蒙古语言文学"国际学术会议，会议在蒙古国国立大学蒙古学研究院召开。会议围绕蒙古语言和文学两个主题进行了 7 场学术讨论。2019 年 10 月 29 日，"蒙古汉学与文化经典互译论坛暨亚洲经典作品互译计划研讨会"在北京举行。会上，中蒙双方就中蒙互译委员会建设、中蒙典籍遴选、中蒙智库建设等问题达成共识，并签署了《全面实施中蒙典籍互译宣言》，揭牌蒙古民族知识中心。2020 年 9 月 25 日，由蒙古国家科学院语言文学研究所主办的"语言文学—2020"学术研讨会召开，来自蒙古国、中国、韩国、日本等国数十位专家学者出席会议。在此次会议上，与会专家学者从 13 篇研究报告中评选出了 6 篇优秀报告，并授予其向国际 ISSN 类学术期刊投稿的资格。其中中国内蒙古大学蒙古学院博士字·格日勒其木格的《〈三座山〉—戏剧文学的瑰宝》获此殊荣。

学术会议的举办不只是一场文化活动，各国学者通过每一次会议发表最新研究成果，同时了解他国专家学者的前沿理论和研究内容，不仅能够丰富文学理论知识，更重要的是通过多元文化碰撞，取其精华去其糟粕，提升文化内涵，促进本国文化和文学发展。

（三）文学作品译介

2019 年是中蒙建交 70 周年，双方举办了多种形式的庆祝活动。该年 7 月 10 日，应蒙古国总理呼日勒苏赫邀请，时任中国国家副主席王岐山对蒙古国进行友好访问，并出席中蒙建交 70 周年纪念大会暨"中蒙友好贡献奖"颁奖仪式。蒙古国立大学孔子学院蒙方（副）院长米·其米德策耶教授荣获"中蒙友好贡献奖"殊荣。米·其米德策耶教授是蒙古国著名汉学家和翻译家，他陆续出版了译作《论语》《大学》《孙子兵法》和《中庸》，以及《我们知晓与不知晓的中国：思维和文化》《中国现当代女作家优秀短篇小说精选》等多部著作。除了翻译古典典籍，他还完成了《习近平谈治国理政》第一卷和第二卷西里尔蒙古文版翻译工程。米·其米德策耶翻译的《中国现当代女作家优秀短篇小说精选》2014 年在蒙古国出版发行。作为在蒙古国出版的首部以女性作家文学作品为主题的中国小说集,该书选录了冰心、张洁、铁凝 3 位作家的 5 篇作品,包括《远来的和尚》《最后的高度》《火锅子》等不同时期的中国现当代文学精品。铁凝在序言中表示:"假如蒙古国读者能够通过阅读这些作品,感受到一点变化中的中国普通人的心跳,嗅出一点当代中国生活的味道,看见一些您的近邻那生动的表情,作为作者之一,我将感到愉悦。"[1] 9 月 27 日,蒙古国驻华使馆举办《70 周年 70 位作家 70 篇小说》蒙古文版及《蒙古国诗选》首发仪式。前者精选了中国现当代文学历程中不同时期有代表性的 70 位作家共 70 篇代表作品,由蒙古国驻华使馆联合中央广播电视总台蒙古语部组织翻译和出版发行。《蒙古国诗选》中文版由北京大学陈岗龙教授翻译,作家出版社出版,被收入"一带一路"沿线国家经典诗歌文库第一辑。

进入 21 世纪以来,中蒙双方文学作品互译成果诸多,且翻译水平极高,为两国读者文学互读、文化互鉴提供了保障。值得一提的是,由著名翻译家哈森和照日格图翻译并陆续出版的《蒙古国文学经典译丛》(包括《月光曲》《达·乌日央海诗选》《诗歌卷》《小说卷》《罗·乌力吉特古斯诗选》《城市故事》)、中国作家协会与蒙古国作家协会共同选编《中蒙文学作品选集》,以及陈岗龙翻译的《蒙古国诗选》等作品为中国读者了解蒙古国文学文化提供了文本支撑。

综上所述,进入 21 世纪以来,中国与蒙古国的作家访问、座谈、学术会议、图书展、作品互译等文学交流繁多,几乎每年都有不同形式的活动。这些活动的举办不仅是两国作家之间的互动和交流,更是两国读者和人民之间的沟通,有利于促进两国文化交流互鉴,加深民众了解,增进友谊与互信。正如俄罗斯学者 H. 康拉德所说:"实际上,在近代,所有具有现代文明的各民族的文学都是这样那样地相互联系,而它们过去和现在正是在这些联系的情况下得到发展的。"(中国科学院文学研究所现代文艺理论译丛编辑部,1962)文学与文化和文明一样,都是在交流交往中吸收和借鉴其他民族的精华,从而促进自身发展。蒙古国文学在 21 世纪得以快速发展的根

---

[1] 新华网,2014. 中国现当代女作家短篇小说精选在蒙古国出版发行 [EB/OL]. https://www.chinanews.com.cn/cul/2014/10-31/6739418.shtml(读取日期:2022 年 7 月 2 日).

本原因就是涌现一批具有多元文化意识的作家。中国作为蒙古国学者最为重要的访问和交流的对象，推进蒙古国文学作品在中国的译介程度，使蒙古国文学受到更多中国读者的青睐，促进了中国与蒙古国的文化交流。

二、蒙古国文学翻译与翻译文学

文学作品跨国传播的最主要形式或途径，就是文学翻译（曹顺庆，2015）[129]。翻译是一种叛逆，它把文学作品置于完全没有预料到的参照体系里，影响与作用于译入语文化语境；它也是创造性的活动，可以赋予作品二次生命。由此产生了文学翻译与翻译文学，两种看似相近又截然不同的产物。文学翻译传递的是"译出语"国家历史、文化信息。而翻译文学还是文学作品的一种存在形式（曹顺庆，2015）[13]。它同时包含"译出语"和"译入语"民族或国家历史、文化语境，即从外国作家的立场来反映译者所属民族或所属国人民的生活"（曹顺庆，2015）[132]。世界上各个民族的优秀文学作品正是借助翻译才实现了跨文化传播，才得以走向世界，为各国人民所接受。"历史上，蒙古地区曾经出现三次大规模的翻译活动，分别是17—18世纪印藏文学蒙译、19—20世纪中国古典文学作品蒙译以及20世纪蒙古国以俄苏文学为主体的欧洲文学蒙译。"（王浩，2008）事实上，蒙古文学分为中国内蒙古地区文学和蒙古国文学，无论是地区文学还是国别文学，蒙古文学受汉族文化文学影响颇深。自20世纪90年代蒙古国开始社会转型以来，该国在文学翻译与翻译文学方面均取得了较好的成就。

文学翻译活动是两国文学交流的重要标志。21世纪，蒙古国仍处于社会、经济转型时期，日趋呈现出"世界化"态势。这一"世界化"不仅体现在汉文化影响上，也体现在21世纪以来与西方文化文学互动频繁方面。将诗歌翻译放置于文化转向视野下进行研究，符合翻译理论研究的观点（文英等，2020）。21世纪蒙古国翻译活动主要有"个体媒介"与"环境媒介"两种方式。

（一）个体媒介

个体媒介指某一国家的作家在对某国外作家产生影响的时候，作为传播者与接受者的作家个体发挥着媒介的意义（曹顺庆，2015）[103]。进入21世纪以来，蒙古国作家具备多种语言工作能力，不仅将其他国家优秀的文学作品译介到蒙古国，也将本国文学译介到其他语言，供读者阅读。

蒙古国著名作家贡·阿尤尔扎纳精通俄语和英语，在文学翻译方面也有一定造诣，先后将美国著名作家威廉·福克纳、阿根廷著名作家豪尔斯·路易斯·博尔赫斯的经典作品加以编撰并以《老人》和《两个君主，两条路线》为名推出两部作品集，而且将法国作家让·保罗·萨特的自传体小说《词语》、美国当代著名诗人克里斯托弗·莫利的《引力和速度》和俄语作家谢尔盖·吐姆洛夫的《匈奴山上沉睡的草》等译介至蒙古国，还翻译并编撰了《世界经典诗歌》和《世界经典短篇小说》两部集萃以飨读者。贡·阿尤尔扎纳认为，历史上蒙古文学受汉文化和印藏文化影响深远，从20世纪初叶开始，随着蒙古国与苏联关系的发展，蒙古国文学又受到欧洲文学，尤其是苏联文学的深刻影响，蒙古国文学呈现出东西文化兼具的特点，为各种文艺思潮和流派相互碰撞、兼容并蓄创造了有利条件。

苏·玛戈乌亚是蒙古国哈萨克语作家、翻译家。苏·玛戈乌亚将与成吉思汗有关的历史著作，如小说《成吉思汗的两个十字架》和蒙古英雄史诗《江格尔》等翻译成哈萨克语。他还用哈萨克语创作了小说《成吉思汗》，并在哈萨克斯坦出版。此外，他还将蒙古国作家博·巴斯特、策·达木丁苏伦、达·僧格、策·洛岱丹巴、洛·图登布的作品译成哈萨克文，并将蒙古国哈萨克族著名诗歌《阿尔哈里克·巴特尔》、哈萨克族著名作家朱·摩尔达加利耶夫作品《我是哈萨克人》翻译成蒙古文。勒·达希尼亚姆翻译了以俄语和英语撰写的10余部作品。在所有作家作品中，最为读者们所熟知的要数收录在作品集《不可思议的轻风》中的诗歌《四季一心》。赫·苏格勒格玛的译著《没有人给他写信的上校》译自哥伦比亚作家加西亚·马尔克斯的作品；《尤利西斯》译自爱尔兰作家詹姆斯·乔伊斯的作品；《道林·格雷的画像》则译自英国戏剧家奥斯卡·王尔德的长篇小说。雅·冈巴特尔熟练掌握中文、俄语、英语和德语，长期从事汉学研究、中文教学和翻译工作。其代表作《聊斋异志》《汉族经典文学集》《汉族经典诗歌的五种语言翻译比较》《元朝时期基于汉语的蒙古人诗歌精选》《长春真人西游记》等为中蒙文学交流作出了重要贡献。德·道尔吉高特布将越南现代文学知名作家、画家、诗人李华丽的诗集《白草》译介到了蒙古国。葛·阿玛尔是蒙古国现代翻译家，先后翻译了世界多个国家的文学、社会、政治、体育、儿童文学等各类书籍 50 余部，评审翻译书籍 120 余部。2000 年，他还撰写出版《普通绅士》一书，记录许多已经去世的翻译家的生平事迹。他翻译了一系列世界文学经典，如《克什米尔公主号的秘密》、卡拉姆津的《可怜的丽莎》、陀思妥耶夫斯基的《地下室手记》、丹增·诺尔盖的《雪山之虎》、艾特玛托夫的《母亲—大地》等。扎·哈日贵从 20 世纪 90 年代起开始从事新闻出版和翻译工作。作为翻译家，他的代表性译作有：俄罗斯作家米哈伊尔·韦勒的短篇小说《躺在棺材里的人》、俄罗斯作家艾杜阿尔德·托普林的纪实文学《克里米亚的女人》、美国哲学家艾茵·兰德的哲学著作《阿特拉斯耸耸肩》和《资本主义：未知的理想》、俄罗斯旅行家兼地理学家尼古拉·普尔热瓦尔斯基的旅行游记《蒙古与唐古特地区》和《金帐汗国的诗》、德国戏剧家兼诗人贝尔托德·布莱希特的戏剧合集《合著》以及俄罗斯作家弗拉基米尔·沃伊诺维奇的长篇小说《士兵琼金的生活和奇遇》等。

以上只是其中一部分作品，当然还有其他未谈及的作家、翻译家译介到蒙古国的优秀作品。掌握多语种的作家或从事翻译工作者将优秀的他国语言文学作品译介到蒙古国，通过文学翻译活动，为蒙古国文学的发展与繁荣作出了重要贡献。同时，蒙古国优秀的文学作品以同样的方式走出了国门，出现在世界文学舞台中。

索·洛沁创作了九部长篇小说，数十部短篇小说，其中《心灵的颜色》被译为俄语、德语、保加利亚语和越南语出版，《连续不断的七日》也以俄文出版。桑·普日布 1996 年凭借《亚洲青山》《大河潮汐》获得"达·纳楚克道尔基"奖，2002 年被授予蒙古国文化功勋活动家称号。其作品除进入蒙古国中小学生教材外，还被翻译为英语、俄语、法语、阿拉伯语、中文、越南语、韩语、西班牙语和日语等，是世界知名的蒙古国作家之一。门德·奥耀共出版过 30 余本诗集、小说、歌剧等，其中大部分作品都被翻译为俄、中、日、德、法、西等 50 余种语言在世界范围内出版，是蒙古国作家队伍中作品被译为其他语言最多的作家之一，作品在中国、英国、希腊、韩国、印度、日本和美国等都曾斩获奖项。其中，诗歌《旧庙上月亮升起之时》曾在国际诗人大赛上获得冠军。他还曾在世界各国进行演讲，宣传蒙古民族历史文化。扎·达希敦德格从 17 岁起即开始文学创作，1958 年出版第一部诗集《聪明的男孩》，此后陆续创作了《司机》《挤奶工》《五种毛色》《十是什么》《鸽子进屋了》《新世纪来临》《新的早晨》《野火》《父亲、母亲和我》《枣骝马》等 100 多部作品，其中有 33 部被译介至国外。扎·图门扎尔嘎勒创作的 200 多首诗歌和歌曲经久不衰，广为传唱，目前已被翻译成俄语、中文、日语、朝鲜语，拥有数百万读者和听众。作家洛·图登布从 1950 年开始进行文学创作，先后发表诗歌、散文、随笔、戏剧中长短篇小说 1,000 余部，其中 25 部作品被译为英语、俄语、日语、德语、匈牙利语等，其成就是蒙古国文坛一座难以逾越的高峰。

综上，文学翻译为文学作品的跨国、跨文化传递发挥了巨大双向作用，不仅传递其他民族文化信息，同时也是将本民族文化传播出去的有效途径。文学翻译活动为文学作品赋予了第二次生命，是一个艺术再创造过程。显然，进入 21 世纪后，诸多作家、翻译工作者看到了文学翻译为文学发展所做出的积极推动作用，也认识到了翻译文学不同于文学自身独特的文学价值。

（二）环境媒介

环境媒介指以重要的翻译机构或统一组织的翻译活动，是一种特殊的文学媒介。进入 21 世纪以来，蒙古国坚持举办"金羽毛"年度优秀作品评选大赛。其中有一项为翻译类年度优秀作品奖，将他国优秀文学作品以比赛的方式译介、传播到本国，通过与他国文学交流、交融，促进本国文学发展。

进入 21 世纪以来，蒙古国翻译家奋笔疾书，译介了很多他国优秀文学作品，如苏·敦德格翻译的《莱蒙托夫诗歌汇编》、奥·扎尔嘎勒赛罕的《根吉作品集》、埃·阿里乌包勒德的《没有女人的男人们》、巴·苏布德杜勒姆的《Pi 的生活》（又译为《少年派的奇幻漂流》）、达·达希蒙克的《干净明亮的地方》、那·恩赫巴亚尔《中国现代诗歌》、扎·奥云其其格的《邻居们》、奥·钦巴亚尔的《白鲸》、达·蒙克图尔的《土耳其诗歌 -1》、扎·哈日贵的《罗密欧与朱丽叶》、策·贡布苏伦的《卡拉马佐夫兄弟》、奥·钦巴亚尔的《尤利西斯》、扎·根登达拉姆的《大战争》、奥·钦巴亚尔的《多里安·格雷的画像》、米·其米德策耶的《古代中国经典文本:孙子》、扎·策旺的《唐璜》、策·贡布苏伦的《罪与罚》。希·奥登特尔的《力量的赞歌》、赫·莫日根的《罗密欧与朱丽叶》获得了文学翻译类年度优秀作品奖。此外，2003 年，蒙古国作家协会、蒙古国翻译家协会和俄罗斯驻蒙古大使馆联合举办了首届 "俄罗斯古典诗歌翻译大赛"。著名苏联诗人叶夫图申科、鲁布佐夫和秋切夫的诗歌被翻译成蒙古语，赫·莫尔根在比赛中获胜。

2018 年 5 月 23 日，为了支持文学领域的青年创作者、介绍国内文学的历史、助推母语文学作品的发展、扩大国内读者对外国译著的认知，"智慧鸟" 文学社举办了两年一度的第二届 "和平鸽" 奖评选。在翻译类奖项中，由米·苏格尔额尔德尼翻译的日本作家冈本的作品《向着那布卡瓦》拔得头筹，获得入围奖的有：达·蒙克赫希格翻译的俄裔美国作家凯特·盖森的作品《怀念祖母》、蒙·巴图巴亚尔翻译的中国作家迟子建的作品《一坛猪油》、冈·洪戈尔祖勒翻译的中国作家余华的作品《黄昏里的男孩》、策·巴图陶格特赫翻译的英国作家萨拉·霍尔的作品《下一个灵魂》、埃·蒙克扎雅翻译的俄罗斯诗人作家瓦列里·雅科夫列维奇·勃留索夫的作品《杰作》。2020 年 5 月，在由蒙古翻译家协会主办的第五届 "世界经典短篇小说翻译大赛" 中，青年翻译家蒙·巴特巴亚尔凭借翻译中国作家余华的《空中爆炸》和迟子健的《旅人》获得一等奖，彻·曼德赫那日凭借翻译荷兰语作家戈弗雷·包曼斯的《百岁老人》、荷兰作家图奥·蒂斯的《油铺少年》、韩国作家宋仲杰的《药剂师》获得二等奖，赫·阿亚固勒凭借翻译德国作家西格弗里德·伦茨的《大维尔登伯格》、澳大利亚作家乌埃尔森·艾亨格尔的《窗口剧院》、美国作家厄内斯特·海明威的《一天的等待》获得三等奖，敖·呼兰凭借翻译德国作家西格弗里德·伦茨的《月光下的灵魂场》和法国作家居伊·德·莫泊桑的《死女子的秘密》、俄罗斯作家米哈伊尔·布尔加科夫的《红色冠冕》和日本作家安倍的《聋女》获得特别奖。组委会在收到的 34 位文学翻译家 70 多部作品中共评选出了涉及英语、俄语、德语、韩语、中文和荷兰语等多种语言的 23 部优秀作品。

综上，21 世纪蒙古国文学活动体现了百花齐放的态势，这些卓越成就不仅体现在文学创作领域，而且大批知名作家在文学翻译领域也作出了重要贡献。蒙古国文学作品被译介到中国、俄罗斯、日本、美国、英国、越南、韩国、西班牙等国家，涉及数十种语言。蒙古国亦译介他国文学，如中国、日本、美国、英国、俄罗斯、法国、韩国、荷兰等数十个国家的优秀作品到本国，以促进文学交流、助推本国文学发展，以期从本土化走向世界化。

三、蒙古国文学域外传播

在提倡本土化走向国际化的今天，一个国家和民族的文学如果只满足于为本民族读者服务，而没有向域外传播的想法和实践，那么这个国家和民族的文学将止步不前，文化发展也将受其影响。"20 世纪 80 年代后期开始，这种局面 [1] 逐渐被打破，东西方文学思潮和创作方法快速被引进蒙古国文学界，现代主义甚至后现代主义成为年青一代作家的旗帜，并且他们的创作很快进入世界文学接轨的潮流之中。"（陈岗龙，2015）进入 21 世纪以来，蒙古国国家领导人以及知名作家学者，加之蒙古国科学院、作家协会、蒙古国立大学等官方机构都为蒙古国文学域外传播做出积极努力。在 2023 年初新冠疫情缓解之际，蒙古国政府宣布 2023—2025 年为"蒙古国旅游年"，

---

[1]　这种局面指是大多数蒙古国作家去苏联留学，受到俄苏文学影响，蒙古国译介的世界文学主要从俄文转译，因此蒙古国的世界文学是经过苏联意识形态过滤。笔者注。

并公布系列活动计划。[1] 这表明，蒙古国政府非常重视与各国的交流，甚至为此制定了"34 个国家公民 30 天免签"等有利政策，推动各国人民到蒙古国访问交流。当然，文学的域外传播需要这样的政策性支持，但主要途径是作品翻译，除此之外还有国际学术交流以及到国外留学、访学等。

进入 21 世纪以来，蒙古国主办、承办和参与了多次国际性的文学艺术类学术会议。蒙古国作家、学者在很多国际性学术会议上发表本国文学研究成果，使他国研究人员最直接地了解到本国文学作品，从而达到域外传播效果。2008 年 6 月 23—25 日，由蒙古国司法部、蒙古国科学院、国家档案馆、历史研究所、日本东京外国语大学共同举办了"东亚档案、历史、文学、媒体机构面临的问题和趋势"国际学术研讨会。巴·孟赫巴亚尔发表论文《蒙古文学比较研究》。2010 年 12 月，蒙古国著名诗人策·巴乌道尔吉参加了由美国世界艺术文化科学院主办的第三十届世界诗人大会。这次大会以"海洋与岛屿间的对话：爱与和平"为主题，吸引了全世界 40 多个国家和地区的约 500 名代表参加。其间，世界诗人大会主席、法国华裔诗人杨允达博士为策·巴乌道尔吉与北塔、伊希特万土尔兹等五位诗人颁发了"为了优秀诗歌"金奖。策·巴乌道尔吉曾出版《中咒的白花还是奥特根腾格里》《蒙古的伟大平安》《燕子好像第三次挥舞翅膀》《月亮的诗》《在东方成为小草》等多部诗歌集。他的诗短小精悍、思想聚焦、描写准确、立意深远、用词丰富，是蒙古国现代文坛杰出作家之一。

2011 年 8 月 9 日，第十届国际蒙古学家大会 [2] 在蒙古国国家宫开幕，来自蒙古国、中国、俄罗斯等 27 个国家和地区的 300 多名专家学者出席。本次大会主题是"蒙古的对外关系与历史经验"，与会代表就蒙古国对外关系、社会经济、语言文学、传统文化等领域进行了深入研讨。2013 年 8 月 15—17 日，蒙古国科学院语言文学研究所、国际蒙古学研究会及乌兰巴托大学共同举办"20 世纪蒙古文学评价与经验教训"国际学术研讨会。此次研讨

---

[1]　人民网，2023. 蒙古国宣布 2023 年至 2025 年为"作客蒙古年"[EB/OL]. http://world.people. com.cn/n1/2023/0108/c1002-32602010.html（读取日期：2023 年 3 月 3 日）.

[2]　1959 年，14 个国家的 34 位蒙古学者在乌兰巴托召开蒙古语言文字会议，被认为是首届国际蒙古学学者会议。此后，国际蒙古学协会成立并举办了 57 次蒙古学相关会议，同时规定每 5 年举办一届国际蒙古学学会家大会议。

会旨在就 20 世纪蒙古文学理论思想发展的收获与缺失、文学传统与创新、创作和艺术手法、题材和体裁、各流派奠基人与代表人及针对其文学作品研究的前景与经验、国内外文学交流与联系、文学的社会影响和作用等诸多问题进行讨论，达成共识，并提出创新性意见和建议。来自蒙古国、俄罗斯、中国、日本和韩国等国家的 40 余位学者参与此次会议，包括蒙古学者桑·白嘎勒赛罕、达·嘎勒巴特尔、达·奥云巴德拉赫、岑德·阿尤喜，俄罗斯学者 L.G. 斯克劳杜莫娃，日本学者冈田，中国学者满都呼、王浩等。2014 年 11 月 28—30 日，由蒙古国科学院语言文学研究院和中国内蒙古大学蒙古学学院共同主办的"全球化与本土化：20 世纪蒙古文学理论与实践"国际学术研讨会在内蒙古自治区呼和浩特召开。来自蒙古国科学院、蒙古国立大学、蒙古乌兰巴托大学、蒙古国立师范大学以及日本、中国等多家高校和科研院所 80 多位专家学者出席会议。蒙古自由作家联盟主席桑·白嘎勒赛罕和学者特·嘎勒巴特尔、达·包勒日玛、索·杜勒姆、道·苏米娅、勒·楚龙巴特尔、策·奥特根巴特尔等分别围绕蒙古现代经典的重新解读、蒙古现代戏剧的发展、蒙古近代文学对战争描写的阐释、蒙古文学研究中符号学的应用、蒙古现代诗歌的创作和理论探索、蒙古文学创作中的潜意识分析以及英雄史诗与书面文学的关系等发表报告。该会议在总结 20 世纪蒙古文学理论与实践方面诸多问题的基础上，提出并深入分析了各自关注的学术问题，对研究 20 世纪蒙古文学起到积极推动作用。

2015 年 3 月 1—7 日，蒙古国作家协会首次派遣代表参加了在越南河内市、广宁省和北宁省举行的第二届亚太诗歌节，来自亚太地区、欧洲、非洲、拉丁美洲 43 个国家与地区的 200 余名作家、诗人共赴盛会。尽管蒙古国诗人最后并未在大赛中斩获佳绩，但此次亮相促使蒙古作家群体与亚洲、非洲和拉丁美洲的作家组织建立了合作关系，为今后参与国际和地区性大赛积累了经验。蒙古国作家协会代表表示，通过参与此类活动将蒙古文学精品翻译成英语、西班牙语和日语等语言，将蒙古文学的现状刊登在世界各国和民族的新闻媒体上，以提高文学批评和研究的国际化水平，与国际出版社建立了进一步合作的联系，为下一步相互访问开展多边合作创造了条件。

2015 年，蒙古国作家协会正式加入亚非作家协会，成为亚非作家协会这一国际性作家组织的成员。这意味着蒙古国作家将有资格参与亚非作家会议，其作品将有机会在享誉世界文坛的期刊《莲花》上发表。

2017 年 8 月 17 日，第三十七届世界诗人大会召开，来自德国、法国、中国等 40 多个国家和地区的约 300 位诗人参加了大会。会议以"大自然的智慧和人类思维中的自然"为主题，蒙古国著名诗人作家、第三十七届世界诗人大会主席门德·奥耀发表题为《诗歌和自然的智慧》的主旨报告。该会议授予诗人达·策德布和索·杜勒姆"荣誉文学博士"，作曲家赫·江措诺尔布"人文博士"，诗人道·尼亚玛"为了优秀诗歌"金奖。这是世界诗人大会继 2006 年之后第二次在蒙古国举行。

蒙古国文学界广泛参与或在蒙古国本土召开的国际会议，规模与范围日益扩大，这为蒙古国文化与文学走向世界发挥了重要作用。文学域外传播的重要途径是翻译，只有通过将文学作品译为他国语言，文学才会被其他国家的读者所熟知，才能弘扬民族文化，在全球化进程中占有一席之地。当然，除了通过文学作品传播本土文化外，作家的知名度也是传播民族文学和文化的重要途径。正如莫言获得诺贝尔文学奖后全世界读者都知道中国有个叫高密的地方一样，作家的知名度直接影响其国家和地区的文学文化的域外传播。

2017 年 11 月 2 日，由亚洲文化中心主办的第一届"为了亚洲"文化节在韩国光州广域市举行，蒙古国著名诗人达·乌梁海凭借作品《我非常爱那个地方》从四位提名人中脱颖而出，以全票获得"亚洲第一诗人"称号，成为荣获亚洲文学奖的第一位蒙古国作家。达·乌梁海是蒙古国文坛少数几个对所有文学体裁均有较高建树的知名作家之一。作为诗人，他在 2007 年推出的诗歌集《割裂》收录了《与蒙古割裂》《与自己割裂》《与朋友割裂》《与时间割裂》《与环境割裂》五部作品，采用了短诗、弥撒、祭文、碑文等文体及反叙事、素描、独白、内省等艺术手法，展现了超高水准的艺术创作能力。

在世界诗人大会诗歌大赛中，阿·额尔登奥其尔获得优秀诗歌创作奖，米·乌扬苏赫荣获主席团奖。门德·奥耀在"米哈伊—艾米内斯库国际诗歌节"上获优秀奖,在 2002 年获国际诗歌笔会奖,在 2014 年获罗马尼亚克拉约瓦世界诗歌节冠军。2012 年,达·乌梁海凭借的《在过去好似微笑的人生中》一诗获法国"世界一首诗"奖。2002 年,米·阿玛尔呼获联合国教科文组织奖。2001 年彻·嘎乐桑获多德勒尔文学奖。这些诗人作家所获荣誉不只是一份个人的荣耀,随着这些作家在世界各国知名度的提高,蒙古国文学文化也将获得更多国家读者的关注。

　　一直以来,蒙古国文学在世界文学,甚至东方文学领域都处于弱势,鲜有人提及。原因有三,一是蒙古国文学作品译介数量少;二是蒙古国文学域外传播力度不大,外国读者接触不到其作家和作品;三是蒙古国文学作品创作题材有较强的民族性,不容易得到其他民族读者的共识。进入 21 世纪后,以上问题逐步得到改善,越来越多的蒙古国作品被译介到世界各国,越来越多的作家走出国门,在创作题材上也突破了传统,加入现代化因素,充分考虑文学世界化,使作品更容易被域外读者所接受。蒙古国文学因其历史、文化、游牧生活方式,其文学作品表现出与众不同的创作特征。也正因其独特的历史、文化,导致蒙古国文学发展在世界文学舞台中缺乏立足之地。在全球化的今天,文学市场在加速发展,虽然蒙古国文学的地位在逐步提升,但其宣传、译介、交流、发展亦亟须提升,而这需要更多精通蒙古语学者的参与。纵观学界,对于蒙古学研究的学者不在少数,但作为东方文学、区域文学的重要组成部分,学术界对蒙古国文学的研究应更加深入、全面。精通蒙古语的学者,应发挥自身语言优势,在"一带一路"倡议引领下,积极探索中国文学与蒙古国文学的深层联系,促进中蒙两国人文交流,为实现人类命运共同体而努力。

参考文献

曹顺庆(主编),2015.比较文学概论 [M].北京:高等教育出版社.
陈岗龙,2015.熟悉而又陌生的当代蒙古国文学 [J].世界文学,(5):127.
聚宝,2016.蒙古国所藏明清小说蒙译本及其学术价值 [J].文学遗产,(1):144.
毛艳丽,2020.加强中蒙文学交流与合作,促进"民心相通"建设 [J].北方经济,(4):
　　36.

王浩，2008. 比较文学与译介学——达木丁苏伦比较文学之路 [J]. 文艺理论与批评，（1）：92.

文英，宝乐尔，2020. 文化转向视野下蒙古国文学汉译研究（蒙古文）[M]. 北京：民族出版社：125.

乌吉斯古楞，2021. 面相蒙古国的大众媒体构建中国形象研究 [D]. 呼和浩特：内蒙古大学：23.

杨柠溪，一路，2018. 沿"一带一路"，探秘东南亚小语种专业 [J]. 求学，（14）：23.

赵振江（主编），2019. 蒙古国诗选 [M]. 陈岗龙，编译. 北京：作家出版社.

中国科学院文学研究所现代文艺理论译丛编辑部（编），1962. 现代文艺理论译丛（第四辑）[M]. 北京：人民文学出版社：45.

The Study of Mongolian Literature in the 21st Century: Taking Translation and Communication as an Example

ZHANG Wulan, WANG Xiaoyan

Abstract: In the 21st century, Mongolia is at a stage of stable social transformation and development, whose political, economic and cultural development is stable, and literary development is relatively prosperous. With the efforts of the countries and the people, the writers' group has gradually expanded and the schools are diverse, showing a trend of contention and prosperity. Under the background of multicultural interaction, a number of writers with multilingual abilities appeared in Mongolia in first two decades in the 21th century. On the basis of reflecting on traditional literary creation, they devoted themselves to cultural and literary exchange and translation, providing an important channel for Mongolian literature to "go out", and improving the status of Mongolian literature in the study of oriental literature and world literature.

Keywords: Oriental literature; Mongolian literature; translation; literature communication

（责任编辑：曾琼）

版权声明